广西哲学社会科学规划项目：生态文明约束下的广西经济发展动力研究
（项目编号：15BJL007）

经济管理学术文库 • 经济类

生态文明约束下的经济发展动力研究

——基于广西的理论与实践

Research on the Driving Force of
Economic Development under the Constraint of Ecological Civilization
—Based on the Theory and Practice of Guangxi

邓敏慧／著

经济管理出版社
ECONOMY & MANAGEMENT PUBLISHING HOUSE

图书在版编目（CIP）数据

生态文明约束下的经济发展动力研究：基于广西的理论与实践/邓敏慧著．—北京：经济管理出版社，2021.4

ISBN 978-7-5096-7912-8

Ⅰ．①生…　Ⅱ．①邓…　Ⅲ．①生态经济--区域经济发展—研究—广西　Ⅳ．①F127.67

中国版本图书馆 CIP 数据核字（2021）第 064438 号

组稿编辑：郭　飞
责任编辑：曹　靖　郭　飞
责任印制：黄章平
责任校对：王淑卿

出版发行：经济管理出版社
（北京市海淀区北蜂窝 8 号中雅大厦 A 座 11 层　100038）
网　　址：www. E-mp. com. cn
电　　话：（010）51915602
印　　刷：唐山昊达印刷有限公司
经　　销：新华书店
开　　本：720mm×1000mm/16
印　　张：8.75
字　　数：110 千字
版　　次：2021 年 5 月第 1 版　　2021 年 5 月第 1 次印刷
书　　号：ISBN 978-7-5096-7912-8
定　　价：78.00 元

联系地址：北京阜外月坛北小街 2 号
电话：（010）68022974　　邮编：100836

目 录

第1章　绪　论

1.1　研究背景

资源与环境是人类生存发展的物质基础，从1949年以来，我国经济在取得高速发展的过程中逐渐出现了全球气候变暖、海平面升高、多地雾霾天数增多、水体等资源与环境受到污染、能源消耗需求高于供给、不可再生资源枯竭等问题，而这些问题的不断积累与爆发对经济发展产生了一定的阻碍作用。生态文明建设关乎人民福祉、民族未来，子孙后代的生存，如何兼顾好经济与资源环境齐发展成为了近些年来我国所要考虑的问题。2002年，党的十六大提出的推动“良好生态发展道路”目标，2007年，党的十七大提出的“经济与人口，环境，资源协调发展”要求，2012年，党的十八大提出的“生态文明建设”战略都对经济与环境资源做出了要求。这些政策的中心主旨为：未来经济发展中应将生态与能源放在经济发展的首位，在顺应自然的条件下推进经济高速提升，同时，将其融入到社会各方面建设中，齐抓金山银山与绿水青山，这不是为了生态文明而进行经济发展零增长，而是将发展控制在资源环境的可调节范围之内。

自广西“泛珠江三角洲”产业转移、西部大开发战略的实施和北部湾经济区开放以来，广西国民经济快速增长。中国与东盟签署的自由贸易发展协议已过去了17年之久，合作从过去的“黄金十年”步入“钻石十年”，广西作为两国合作的前沿与枢纽，也由最初的“桥头堡”角色转变为我国与东盟经济发展的“战略支点”。由于地处珠江流域、长江流域中上游，2014年，国家提出推动广西与广东经济发展一体化的战略方针，从而使广西主力省区的平台更加突出，战略定位优势更加明显。当前广西面临着多重发展机遇及利好政策，外加自身良好的生态环境、自然禀赋及区位优势等条件有望成为带动西部大开发战略的“领头羊”，形成经济繁荣、生态和谐的国际经济发展合作区。因此，大量千亿产业开始在广西落户，秉承着“工业兴桂”的发展战略，工业化进程高速推进，产业结构不断优化升级，经济取得了巨大成就。但是由于近几年来盲目地追求短时期内的快速发展，吸引外来投资的招商门槛较低，发展倾向于传统型产业，相关部门和群众保护环境意识薄弱，重当前、轻长远，以牺牲环境和资源为代价，采取“高投入、高能耗、高排放、低效益”的发展方式，使自然资源出现结构性失衡、环境承载需求量高于供给量等问题，从而给广西带来了许多弊端，给未来发展造成了巨大的挑战。伴随着工业化在广西的逐步推进，1978～2017年，广西工业总产值占地区GDP比重持续升高，能源消费总量从781万吨增长到10458.46万吨，环境污染源治理投资总额从2004年的11.43亿元增长到2017年的199.77亿元，总体呈“上山下乡”

态势，能源消耗逐年增加，废气、废渣等有害物质的排放使本来脆弱的生态环境日益恶化。广西能源消耗变动与经济增长变动趋势基本一致，而广西能源消耗中煤炭增速逐年加快，根据《广西统计年鉴》公布的数据分析得出，在能源消费总量中以非清洁能源煤炭消耗为主，石油、天然气、水电等清洁能源所占比重较小，而煤炭的开采利用方式与其他能源相比来说较为粗放，对生态环境造成了不小的压力，同时，西部地区技术的落后导致能源开采过程中的大量浪费，广西地处中等生态环境脆弱区，绝大部分资源具有不可再生性，生态环境的破坏会为后面的治理与发展带来较大的困难，在这种情况下，我们不得不开始深思，未来想要保持广西的持续发展，我们应用何种政策使其转变现状。

纵观国家当前发展状况与政策战略提出，环境与经济发展之间矛盾日益加剧，生态文明建设势在必行。广西作为全国生态屏障、大江河流源头及后发地区之一，也是经济全球化体系与区域经济一体化体系的主要成员。广西生态文明建设不仅关乎到本地区的经济发展状况，而且影响到全国经济可持续发展的容量，同时也会对越南等周边国家产生不同程度的影响。因此，资源环境约束下经济可持续发展任重而道远。“十一五”时期，广西提出了“富裕、文化、生态、平安”广西的发展目标，“十二五”时期，2009 年国务院下发的有关广西经济发展的文件中提到，以八桂大地山清水秀、海碧天蓝、生态优良、环境优美，可持续发展能力显著增强为目标，提出将“生态立区，绿色发展”作为“富民强桂”发展的重要发力点。回顾历史经验，工业的发展使人民生活水平提高，国家实力增强的根本基石，在当前新型工业化战略发展阶段，“高精尖”产业将成为城市主攻发展的重要产业类型，因此，我们应在迈向工业城镇化、现代化与信息化的道路中，借助科学的力量，降低能源密度，提升运行效益和质量，转为集约型可持续发展道路。受历史、人文等条件制约，广西工业在物力、技术、财力等方面资源有限，因此，未来应重点发展具有优势的支柱产业，通过产业集聚的形式降低成本、提高效率。此外，与相关联产业形成横向联动，带动相关上下游产业共同发展，将有限资源在经济发展中发挥最大效率，通过非平衡发展来带动区域工业结构进行更高层次的调整。广西同时也具有优势的一面，广西作为11个少数民族聚居的省份，具有不同文化的相互融合碰撞，自然风光的集聚为广西的文化、旅游产业发展带来了良好的机遇，也为广西经济高质量可持续发展提供了另外一种走向思路。

从当前状况来看，环境污染和资源匮乏是悬在广西经济可持续增长头上的两把“利剑”。能源、环境与经济的协调发展是广西经济实现可持续发展的重要保证，如何使广西加强生态文明建设，走上可持续增长之路已经成为了热门话题。近年来，许多学者在自己的领域范围内运用自己所学的理论知识对广西经济发展中遇到的问题进行了分析与探讨，但是，各学者得出的结论也是莫衷一是，没有系统性地将当前的能源与环境问题相融合到所研究的问题中，因此，所得出的结论也具有片面性。本书在分析梳理国内外学者对经济增长方式研究方法的基础上，对广西经济增长进行了总体分析，从而深入研究分析广西经济可持续发展的真正动力，为加快经济发展方式提供方法论支撑。

1.2 研究意义

1.2.1 理论意义

国内外对经济增长的贡献率要素和影响因素的研究虽然已经很多，但这些研究成果得出的结论并不完全一致。早些年，国内外大多数学者对于影响经济增长指标的选取多数集中于人力资本、物质资本等，而忽略生态环境问题对经济增长方式的影响，因此，经济增长源泉问题值得进一步深入研究。近年来，我国部分学者考虑到生态环境问题的影响，对我国总体经济增长源泉进行了分析，但是对于指标的选取考虑并不周全，且对某一区域的研究也少之又少。广西作为“一带一路”的交汇点，面向东盟的国际通道，我国政府近年来对广西给予了许多政策支持，各种生产要素集聚广西，广西如何在这样的情况下认清自己内部发展情况，抓住机遇补齐短板，成为西部区域开放发展的战略支点是本书所要探讨的。本书交叉运用经济增长理论、可持续发展理论、生态文明理论等多项学科的理论与方法，更加全面、系统、科学地研究在生态文明约束下的广西经济发展动力，丰富经济可持续理论研究及经济增长潜力。通过实证研究为新常态下经济可持续增长研究提供新思路、新角度、新方法。并提出能够代表整体生态文明建设状况的生态损耗指数；提出生态文明约束下的经济发展动力，为正确判断一个地区的经济发展模式提供了决策和判断依据，为地区抓强项补短板的发展方式提供些许思路。

1.2.2 应用价值

本书在研究得出的广西经济增长源泉分解和波动影响研究的基础上。首先，结合国际经济形势和经济政策，特别是生态文明建设理念，具体考虑广西经济发展实际状况，为制定科学、合理的能源消费与环境保护政策以及与之相协调的经济可持续发展战略提供一定参考价值，从而为促进广西经济可持续发展与生态文明建设提供可能的政策建议；其次，当前的经济发展更多关注的是“质量型”而非“数量型”，同时，也能为广西政府构建相关发展政策体系提供有用的参考价值；最后，结合当下宏观大环境对广西第二产业和第三产业的发展现状进行分析，为广西如何发展支柱性产业提出政策性建议。

1.3 研究思路与内容

本书以实现广西经济可持续发展为目的，主要进行了如下分析：

第一部分，阐述了本书所要研究的内容、理论与实践意义，技术方法与路线。

第二部分，对所运用到的相关理论进行梳理与分析。

第三部分，从总量及结构两个视角出发，运用定量与定性两种方法对广西经济发展历程与工业演进进行回顾与分析，得出广西近年来经济发展与能源消费，污染排放的历史变迁，相对差距以及存在的问题。

第四部分，对广西近年来环境状况进行简要分析，并构建相关环境污染指标，运用“纵向档次拉开法”对广西与西部其他7个地区的环境质量进行综合评价，从而发现广西环境所存在的问题。

第五部分，构建生态文明约束下的经济增长核算模型，运用Eviews对相关模型进行协整分析，脉冲响应分析等，从而探寻广西经济发展的真正动力。

第六部分，从大力发展支柱产业的角度出发，运用综合指标分析法对广西工业结构特征进行分析，再对部分产业进行举例分析。

第七部分，结合广西人文与区位优势对文化与旅游产业进行了分析，提出了两种产业作为发展第三产业支柱产业及带动经济发展的可行性。

第八部分，提出未来广西经济可持续发展与生态文明建设的政策建议。

1.4 研究方法及技术路线

1.4.1 研究方法

本书主要采用理论与实证，定性与定量相结合的分析方法。

第一，理论分析方法。本书的一大亮点是在经济增长理论、可持续发展理论和生态文明理论的基础上运用新颖的逻辑方法，根据独特的思维路径对所要研究的内容进行了透彻的分析，从而构建了在生态文明约束下的经济增长模型。

第二，实证分析法。本书的主体研究部分在结合了相关理论与政策探讨外并对广西环境状况与污染指数、生态文明约束下广西经济增长源泉分解进行了研究，也涉及较为前沿的数理经济学分析方法。首先，运用基于整体差异的综合评价方法确定广西不同时期的环境损耗。其次，运用协整及脉冲响应分析从长期与短期、静态与动态四个角度对广西经济增长与生产投入要素，生态损耗的关系进行研究；进而运用生产函数法和索罗余值法核算代表各投入要素对于经济增长的贡献。再次，运用综合指标分析广西的工业结构以及代表工业发展状况和未来能够成为广西支柱与发展动力的第二产业代表。最后，根据广西人文与区位优势对其文化与旅游产业进行分析，根据所得出的结果提出相关政策建议。

1.4.2 技术路线图

本书的技术路线如图 1－1 所示。

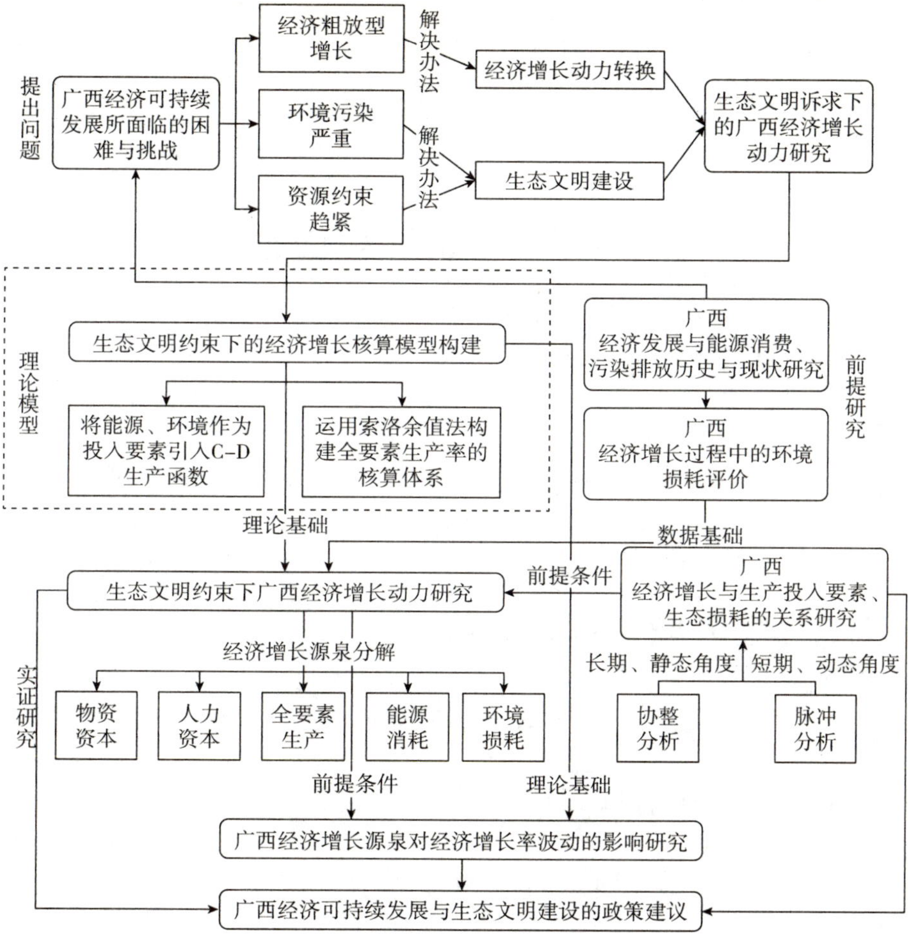
提出问题
广西经济可持续发展所面临的困难与挑战
经济粗放型增长
环境污染严重
资源约束趋紧
解决办法
解决办法
经济增长动力转换
生态文明建设
生态文明诉求下的广西经济增长动力研究
理论模型
生态文明约束下的经济增长核算模型构建
将能源、环境作为投入要素引入C-D生产函数
运用索洛余值法构建全要素生产率的核算体系
广西 经济发展与能源消费、污染排放历史与现状研究
广西 经济增长过程中的环境损耗评价
前提研究
理论基础
数据基础
前提条件
生态文明约束下广西经济增长动力研究
广西 经济增长与生产投入要素、生态损耗的关系研究
经济增长源泉分解
长期、静态角度
短期、动态角度
实证研究
物资资本
人力资本
全要素生产
能源消耗
环境损耗
协整分析
脉冲分析
前提条件
理论基础
广西经济增长源泉对经济增长率波动的影响研究
广西经济可持续发展与生态文明建设的政策建议

图1-1 本书的技术路线

第2章 研究综述

2.1 经济增长理论与实证

2.1.1 经济增长理论

经济增长理论最初来源于国外学者对其国家发展和社会财富的探索，该理论随着四个主要阶段的发展也逐渐完善。通过相关文献整理我们可以将经济增长理论的研究分为四个阶段：古典经济增长理论阶段、新古典经济增长理论阶段、内生经济增长理论阶段和资源环境约束下的经济增长理论阶段。

作为现代西方经济学体系的开创者，古典经济学的鼻祖亚当·斯密在《国富论》中首次探讨了劳动生产力的增进、生产率的提高、国民财富的增加、规模经济的形成都是出于劳动分工的结果，其表现形式是劳动者对于所从事的工作具备熟悉度与技巧性。在斯密提出该观点后，整个学术界为之震动，以至于很多学者顺其思路也展开了对经济增长理论方面的研究。李嘉图和马尔萨斯两人对经济发展持悲观态度，其中，李嘉图的经济增长理论主要围绕收入分配的角度展开分析，假设资本积累是能够促进经济增长的重要源泉基础上提出，在边际收益递减规律的作用下，经济经过长期发展最终会走向停止。同时，李嘉图试图通过对经济增长的制度与结构来分析影响经济增长最深的原因。马尔萨斯从人口角度出发，提出了“马尔萨斯陷阱”理论，即人口增长快于经济增长，多增加的人口总是以某种方式被消灭掉。马克思在《资本论》及相关著作中研究了劳动分工与技术相互之间的互动行为对经济变化的影响，同时考察了商品、货币和资本的性质，结合简单生产与扩大生产理论提出了经济增长理论的概述。其概念为经济增长并非是单独的增长过程，它会引起生产要素与社会结合的深化以及生产关系再生产的社会效应，同时，马克思得出了影响经济增长的三要素为人口、资本积累和劳动生产率。在古典经济增长理论阶段多数学者只是通过经验主义法、逻辑与归纳法等定性分析在将经济视为一个整体的前提下对经济的长期运行，对基本框架和动力机制进行了阐述与解析，从而指出了经济增长动因有资本、技术、土地、工资、自然资源等方面。但当时学者们的研究点多局限于识别影响经济增长的因素以及增长机制，外加相关研究工具与数据的匮乏使得他们的理论无法得到证实，以致其理论缺乏一定的严谨性。

在古典时期，马尔萨斯和李嘉图的“自然工资”决定机制引发了边际革命，也成为了新古典经济学的研究起点。伴随着产业革命的完成，市场经济制度的完善，社会财富分配问题开始出现矛盾，在此情境下，多数学者也将研究点从经济学增长理论转向效用与分配理论，经济学理论渐渐被冷落。直到1929～1931年经济危机的爆发和世界大战对经济产生重大创伤后，学者又重新关注于经济增长的研究，此时，凯恩斯通过总量分析法将经济学的研究从微观转向宏观。哈罗德和多马分别以凯恩斯有效需求理论为基础，几乎同一时间得出相似的结论，并提出了以资本为带动经济增长的唯一因素的“哈罗德—多马”经济增长模型。哈罗德在1939年发表的关于动态理论的一篇论文提出了凯恩斯对于经济增长问题研究的缺陷，以一种短期静态的角度来思考投资变动对收入的影响具有片面性，因为在下一期的投资过程中也会受到收入的影响，至此将经济增长问题正式转向定量研究。哈罗德在论文中用比率分析法来代替水平分析，将时间因素纳入研究经济增长的模型，从而从一个动态的角度对经济增长加以解释。哈罗德的理论验证进一步补充了凯恩斯提出的理论并将该理论长期化、动态化，但由于假设的局限性，哈罗德—多马模型中得出的生产能力与资本存量间总保持着某一相对不变的比例，这与事实完全不符。事实上，他们的模型是用短期工具来分析长期问题。因此，索洛对该模型进行了进一步的发展与改进，建立了索洛经济增长模型，并开启了新古典经济增长理论时代。该模型以柯布—道格拉斯生产函数为基础，强调了物质资本和人力资本在经济增长模型中发挥的重要作用，同时引入技术进步这一外生变量，虽然在这一模型中实现了经济的均衡增长，但是索洛没有注意到在促进经济增长中技术进步是一个重要的动力因素，不能将其放入黑箱作为一个简单的外生变量。因此，从长远来看，新古典经济增长理论并不能保证经济的长期持续增长。此后，斯旺、托宾等对索罗模型进行了补充与完善，并提出从长期来看产出增长是一个相对稳定的函数，储蓄与投资的比率对收入具有正向影响而与人口增长具有负向关系，人均资本存量小的国家经济发展速度高于存量高的国家，最后达到全世界经济水平发展速度相同三个命题，但由于几人的假设过于理性化与现实中的经济发展状况并不符合，就拿第二个命题来说现实中发展中国家的经济发展水平并没有趋同于发达国家的经济增长速度，而不同国家的经济增长状况也不能够达到一致，因此，导致模型不能很好地去解释不同水平以及不同国家之间的经济发展状况区别。

随着微观经济研究技术和思想的革新与发展，许多经济学家开始对新古典增长理论重新思考，多数学者转向了研究哪些因素能够影响到经济增长率，并得到了新的理念与启发，而作为内生经济增长理论的鼻祖阿罗为经济学的研究开启了一扇新的大门。1962年，阿罗借鉴卡尔多的观点，提出了“干中学”模型，突破了新古典经济增长理论的研究框架，并指出物质资本和投资产生的技术进步可以提高厂商劳动生产率，其扩散性的特点可以带动周边其他厂商劳动生产率的提高，最终促进整个经济的增长。阿罗的内生经济增长理论研究给其他经济学家以启迪，将原来所研究的变量内生化。1986年，罗默[1]在索罗模型与阿罗提出的“干中学”模型基础上提出了包含垄断竞争与研发的技术外溢模型，该模型将物质资本积累所带来的经济效应边缘化，指出由于技术、创新、知识具有非竞争性与排他性的特点而成为了促进经济增长最永恒的动力，即市场主体通过激励行为引发的投资促进各企业新技术的开发，而这些新技术的开发都来源于企业知识的积累，作为模型中的内生变量知识外溢性的特点对劳动力和社会收益率产生了巨大影响。但由于罗默提出的模型存在规模效应的干扰，在实证时不少学者并没有得出技术研发创新活动对经济增长有促进作用的影响[2-3]，从而，Jone[4]通过将模型中知识存量指数自改为1排除掉了规模效应对模型带来的偏差。1998 年卢卡斯在其模型中提出了人力资本积累与技术进步的同等效用并证明了人力资本的重要作用。卢卡斯将人力资本分为一般与专业化两种，而专业化的人力资本积累才能实现产出的增长，即专业化的人力资本积累产生的正外部效应推动其他要素边际效应的增加，进而提高经济增长速度。后来，North 提出技术进步等因素是经济增长的本身，而制度变迁才是经济增长的根本原因。通过上述的阐述可以发现内生经济增长理论研究期探究的是劳动分工程度与专业化人力资本的积累水平，通过直接影响技术创新水平间接影响经济增长。与古典经济增长理论相比该阶段有一定的发展，但是其内生因素来源假定不同导致知识假定来源过于单一，如果可以考虑多种知识的来源，无疑会更加符合实际。

从 1950 年开始，全球经历了一个翻天覆地的变革时代，科学的发展、技术的创新与提高、社会的高速发展使人们沉溺于对自然疯狂索取所带来的经济高速发展的快感，同时，人们坚信照这样快速发展下去生活会变得更加美好。近年来，环境污染、资源短缺、全球气候变暖、雾霾严重等问题开始显现出来，人们开始停下快速发展的脚步来思考走过的道路即经济发展模式是否正确。其实早期的传统模式发展已经不符合现代社会的要求了，并且给人类造成了各种麻烦与困扰，只不过人类完全被喜悦冲昏了头脑没有发觉或者发现而没有理会。1970 年《增长的极限》报告提出按当下经济发展趋势前行，在未来的 100 年后经济增长的极限就会出现变化，学术界与政治界的研究者开始不断探索资源与环境对于经济可持续发展的重要性。为了缓和人类与地球之间的不和谐关系，1972 年提出的可持续发展观是人们在认识到当前环境污染、大量资源流失严重的情况下对工业文明时期自己行为的反思，也是为进一步解决环境资源以及生存问题所提出的措施框架。在这一概念提出以后，各领域研究者都提出了人类对环境与资源影响下的经济应如何实现可持续发展的理解，有的人侧重于从自然属性来定义，有的人偏向于从社会属性来解析，有的人侧重于科技属性……最后形成了不同的流派，但是不管哪一流派的学者都围绕着一个共同的核心理念即想要经济又好又快发展不能像过去那样以牺牲某一物质为代价，而是在尊重自然的条件下达到生态、经济与社会的三方面协调，人民群众幸福生活的前提是拥有良好生态环境，而我们经济想要继续保持稳定发展就必须要有资源的支撑，因此，我们要做到资源与生态环境的可持续性，当下我们应通过采取一些措施来控制当前的状况，否则就不会有可持续发展。在实行可持续发展下我们并没有否定或限制经济增长，反而我们要鼓励经济增长，一个国家的经济代表了这个国家是否富裕，所以我们要改变以前“高耗能、高投入、高污染、低产出”的状况，改变传统的粗放型经济发展模式，改变以前为了提高利润而进行的一种非生态消费方式。我们应通过提高技术创新能力，提升劳动者素质，依靠生产要素的优化组合从而逐渐向集约型的经济增长方式转变。因此，经济持续发展是可持续发展的重要手段。从以上的改进我们最终要达到社会的全面发展，虽然不同国家采取的经济发展政策不同，实现的目标也不相同，但是全世界都有一个共同的宗旨就是通过可持续发展能够提高人们的生活环境，为人类创造一个和谐、文明的社会，使人与自然和平共处，生态与经济共同繁荣。社会持续发展才是可持续发展概念提出的最终目的。

2.1.2 经济增长理论实证

1945 年第二次世界大战结束以后，日本和德国的经济受到了重创，但令人意想不到的是这两个国家用了不到 15 年的时间就使经济实力逐渐恢复，许多经济学家开始对这一现象产生疑惑。根据古典经济增长理论模型所表达的一国经济增长依赖于该国的土地、资本耗费等因素，来解释德国与日本的发展很明显并不适合，舒尔茨在 1960 年《人力资本投资》的演说中首次把人力资本引入经济增长的研究中，从而解释了之前许多经济学家所困扰的问题。他认为一国的经济发展与该国的劳动者素质有很大关系，人口质量和知识的投入在很大程度上决定了人类发展的未来前景。舒尔茨提出该观点之后，早期对经济增长分解为劳动和资本的研究开始转向人力资本、物质资本和全要素生产率。

21 世纪是知识进步、科技发展的时代，经济的腾飞越来越离不开技术的创新、科学水平的提高。自工业革命以来，经济总量的增加源于技术的创新，而国与国之间经济发展的差距可以由全要素生产率来解释，关于全要素生产率这一概念国内外给予了不同的界定，最早提出这一问题的是荷兰经济学家丁伯根，他在生产函数环境下通过建立生产率测算法对法国、美国、德国、英国 44 年间（1870 ~ 1914 年）的实际产出、要素投入和生产率的变动情况进行了观察与研究，从而详尽地对经济增长状况进行分析，但在他提出的全要素生产率中，只包含了劳动与资本两个要素，而没有考虑到研究与发展、教育与训练等无形生产要素的投入，并且丁伯根在当时提出这一研究缺陷时并没有受到多数研究者的关注。直到 1954 年希朗·戴维斯在《生产率核算》一书中首次对 TFP 内涵进行了透彻的阐述，并让研究者能够更清晰地理解到底何谓全要素生产率，至此在学术界认其为“全要素生产率”鼻祖。

全要素生产率又被叫作技术进步率，表达的是在经济增长核算中不能被其他投入要素所能解释的部分，是总产出增长率与各投入要素增长率的差值，全要素生产率的进入可以更好地解释经济增长的动力源泉。上述所介绍的一些全要素生产率分析基本上都是从定性的角度来研究的，从定量的角度来看，TFP 的测算方法主要有三种：参数方法、半参数方法和非参数方法。参数方法主要以生产函数为研究基础，配合相应的多元统计方法，综合得出全要素生产率。参数方法包括索洛余值法、增长核算法、随机前沿生产函数法等。1957 年，索洛运用计量经济学概念，首次将技术进步引入模型计算中从而提出了索罗余值法，并建立了“索洛模型”，开创了分析经济动力来源的先河，成为了从数量上测量产出增长率、全要素生产率增长率和各投入要素增长率的产出效益间关系的经典模型。索洛模型以柯布—道格拉斯生产函数为基础，函数表达如下：

$$Y = AK^{\alpha}L^{\beta} \tag{2-1}$$

对等式两边取对数并求导得：

$$\frac{dY}{Y} = \frac{dA}{A} + \alpha\frac{dK}{K} + \beta\frac{dL}{L} \tag{2-2}$$

其中，$\frac{dA}{A}$表示了全要素增长率，公式也可以转化成：$g_Y = g_A + \alpha g_K + \beta g_L$，表达了经济产出增长率为 TFP、物质资本、人力资本增长率之和。

在索罗模型中强调的是技术进步对于产出的重要性，而资本存量对产出的影响较小，该模型建立在规模报酬不变的前提下，因此，存在一定的缺陷，无法解释技术进步到底是什么，它又是如何对产出进行影响的。爱德华·丹尼森和乔根森对其进行了补充，基本思路为：以美国经济为例在新古典理论基础上选择一个符合当下研究的生产函数，然后对函数的不同投入类型要素赋予有差别的权重（该方法修正了投入要素内部计量方面的误差），进而对所有要素进行加权回归，从而得出具体的生产函数与总的投入，此外，该模型中时间 t 是间接引入的，其产出会随着 A、K、L 三个投入要素不同时期的变化而变化。在研究分析中，丹尼森还提出了知识的技术与管理性对经济增长的重要影响作用更加明显。两位学者对索洛余值法的改进是增长核算法，成为了当下测量 TFP 的热门工具，近年来增长核算法最常用的函数表现形式包括：

C－D 生产函数：

$$Y_t = A_t K_t^{\alpha} L_t^{\beta} \tag{2-3}$$

TL 生产函数：

$$Y = \exp\left[\alpha_0 + \alpha_k \ln k + \alpha_l \ln l + \alpha_T \ln T + \frac{1}{2}\beta_{KK}\ln^2 K + \beta_{KL}\ln KL + \beta_{KL}(\ln K)T + \frac{1}{2}\beta_{LL}\ln^2 L + \beta_{LT}(\ln L)T + \frac{1}{2}\beta_{TT}\ln T^2\right] \tag{2-4}$$

CES 生产函数：

$$Y = A\left[\delta k^{-\rho} + (1-\delta) l^{-\rho}\right]^{\frac{-\mu}{\rho}} \tag{2-5}$$

1977 年，Aigner、Lovell 等通过设定某一生产函数，基于生产单位无法对实际产出和生产偏离进行操控的理念，提出了 TFP 增长率可通过不同分布假设的复合误差项得到的参数进行计算的随机前沿生产函数模型[5]。公式表述如下：

$$Y_{it} = f(x_{it}, t)\exp(v_{it} - u_{it}) \tag{2-6}$$

随机前沿生产函数虽对索罗余值法进行了完善，将随机误差项与非效率值进行分离，排除了不可控因素对解释变量的影响，被广泛用于技术效率分析上，但由于其建模复杂，模型只适用在提前设定好统计与无效率误差分布的多投入、单产出形式的具体生产函数分析，在测算包含非期望与期望产出对 TFP 的影响时就无法进行解析了，在这种情况下许多经济学家开始研究其他方法来代替这种繁琐化。

非参数法就无须对生产函数的形式及误差项设定某些假设，它可以直接从投入、产出的角度对经济增长进行分解，因此，在测算 TFP 增长率或其对经济增长的贡献方面具有更多优势。通常非参数方法包括数据包络分析法和 Malmquist 指数法。

1978 年，美国运筹学家 Charnes 和 Cooper 根据 Farrel 提出的包络思想引入相对效率的概念后提出了数据包络分析法，该方法对经济生产理论起到了极大的丰富作用。DEA 模型运用数学规划模型的对偶理论，根据多项投入、产出指标的观测值，测算具有可比性的不同决策单元之间的相对效率。它还可以处理一类多目标决策问题，对每个 DMU 指标进行分析，观察它的输入输出情况，并将这些指标进行优劣排序，从而找出最优 DMU。DEA 分析法可分为 CCR 和 BBC 两种模型，一种是规模报酬不变，另一种是规模报酬可变。在不同领域尤其是那些经济与科技方面的研究，DEA 在其中都体现出了巨大的应用价值，它不仅具有能够消除处理分散指标的片面性、排除部分客观因素的特点，还拥有无须事先确定各指标间的可比性以及输入输出指标权重的优点。正是由于 DEA 中这些无须考虑无效率项及生产函数形式的优点使其在整个运行过程中存在随机因素干扰的问题，而这个问题会使技术变成无效从而得出的效率值与实际相比有很大偏差。

一般在DEA分析时由于加入时间因素会产生不同期间的前沿面不同，因此，无法用CCR或BCC模型来测算某一事件在一段时间内的效率变化及两个模型计算得出的结果均为静态效率。为了解决上述问题，经济学家Malmquist在1953年建立了Malmquist指数来分析不同时间段内的消费水平变化趋势。受此启发，Caves等于1982年开始将这一指数运用于测算生产效率变化使其从理论指数转变为实证指数。到1994年，Fare等在距离函数的基础上建立了用来考察全要素生产率增长的Malmquist生产力指数，将这一理论的一种非参数线性规划法与DEA理论相结合，使得该指数被广泛应用于各个领域。Fare等将Malmquist指数法定义为在一定的空间约束条件下，利用线性优化方法对t期与t+1期投入产出量的边界生产函数进行估算，从而对效率变化和技术进步进行测量。该指数可在不同条件下进行不同的分解，在规模报酬不变时可以分解为TEC与TC两部分，在规模报酬可变时分为SEC、PTES与TC三部分。运用Malmquist指数法可以更深入地探析TFP的增长源于哪些因素，此外不需要对具体的生产函数与指标权重进行假设和指定，操作上更简便一些。石腾超、邹一南[6]和尹朝静等[7]基于DEA分解的Malmquist指数法对中国制造业、农业的全要素生产率区域差异及其原因、增长分布的动态演进进行研究。

由于现实中的经济问题是无法运用某个具体函数来进行表现的，它是由多个因素函数共同影响，只不过在分析时我们要找出主要和辅助的一些函数关系。然而在实际测算中，参数计量模型与非参数计量模型分别会遇到模型与相关参数假设不符，结果难以进行深入预测和分析的问题，因此，经济学家们开始找寻既能够解释主要影响因素又能够将次要与干扰因素对其影响呈现出来的模型。1970年，半参数回归模型开始逐渐兴起，而Stone是最早提出该模型的人，其模型为$Y = X\beta + g(Z) + \varepsilon$。半参数法同时建立了参数关系和非参数关系，是参数方法和非参数方法两者的有机结合，避免了参数方法和非参数方法各自的局限性。它能够有效解决生产函数的同步偏差问题和选择偏差问题，从而提高模型对现实社会中的经济问题的解释力度，其估计方法包括最小二乘法、两阶段估计等。此后运用半参数法对全要素生产率进行分析的研究越来越多，龚关、胡关亮[8]和王恕立、刘军[9]运用LP半参数估计法对制造业与服务业的TFP进行了测算。吴明琴、童碧如[10]和王军等[11]运用OP半参数法测算产业集聚对制造业TFP的影响和加工业TFP生产率。张倩肖、李丹丹[12]使用LP半参数法对中国31个省份工业企业全要素生产率的变动情况进行了系统分析和测算，同时比较跨地区生产率差异并分析其差异原因。

近年来，许多研究表明中国经济的高速增长主要依赖于大量的要素投入，不少学者也对这一方面的问题进行了研究，由于不同的学者选取的计算方法和数据处理方式不同，导致了研究全要素生产率对经济的快速增长起到多少作用没有统一的结论，但是他们的研究也存在一些共性，即主要从两方面对中国全要素生产率进行分析，一方面是从测算中国整体的TFP和各省份的TFP，另一方面就是对各行业的TFP进行测算。朱子云[13]通过构造结构指数生产函数，运用指数与对数相结合的方法测算了中国1980~2014年的经济增长动力，得出1981~2014年资本规模在经济发展中占具首席地位，三次产业要素生产率对TFP和经济起到了推动作用。而2008年之后，由于资本与劳动生产率增速的减小直接导致了全要素生产率的下降进而使经济增速放缓。李汝资、刘耀彬[14]运用 Malmquist 模型测算出了不同时期和区域全要素生产率对经济增长的影响，得出 1978 ~ 1985 年的 TFP 贡献率较大，为 37.2%，2006 ~ 2013 年的结构调整期，TFP 贡献率最小，区域 TFP 贡献率呈现出“东部 > 西部 > 中部”的“凹”形特点，从 1978 ~ 2013 年总体来看 TFP 对经济贡献率较小。王艺明、陈晨[15]运用随机前沿分析法分析中国 255 个地级市同样得出了投入驱动型为主要增长模式而 TFP 对经济增长贡献较小的结论，究其根源在于纯技术效率与规模效率的落后。王兴民等[16]运用索罗残值法对新疆全要素生产率和经济之间的关系进行了实证分析，得出新疆经济增长主要以古典的要素投入为主，与 TFP 关系较小，主要原因在于制度的不健全与 R&D 经费投入偏低所致。曹素溪[17]运用 DEA - Malmquist 从整体和区域两个层面估算了陕西省 10 个市区的 TFP 变化率及组成结构得出：从整体来看技术进步是 TFP 增长的动力源泉，从区域来看经济发展快的市区 TFP 也会很高。

在探究行业全要素生产率对经济增长的影响方面学者对行业的选择也是多样化，如工业、银行业、服务业、旅游业等。向小东、林健[18]通过研发和生产两个阶段观测 35 个细分工业行业 TFP 变化情况，从评价结果可知整体来看大多数细分行业 TFP 呈上升趋势，从两阶段来看研发时期的 TFP 增长来源于技术进步，生产时期的 TFP 由技术进步与效率共同决定。张军、陈诗一[19]指出技术进步和资本积累对中国工业增长的贡献比要素配置效应的贡献大，而劳动投入、技术效率和规模效应的贡献最小。徐宏毅、石茜[20]运用 Malmquis 和 DEA 相结合的模型，收集了中国 16 家上市商业银行 2004 ~ 2013 年的投入产出数据，发现在这 10 年间商业银行由于技术上的失败导致 TFP 整体呈下降趋势，且在每两年间呈现不同的变化趋势，大体可以概括为“降低—平稳—增长—下降”。廖源等[21]引用 Hicks - Moorsteen 指数方法对中国商业银行 TFP 估算，得出2001 ~2013 年中国商业银行 TFP 的增长来源于技术效率的提高，而在国有企业中这种情况要明显高于股份制企业。陈伟平、冯宗宪[22]使用 Malmquist - Luenberger 生产率指数，测量了在不良贷款约束下中国农村商业银行 2008 ~2013 年 TFP 的总体变动情况和影响因素，研究发现，中国农村商业银行全要素生产率呈下降趋势，但并不明显，东部地区和西部地区生产率变化分别呈正“V”形与倒“V”形，而国内生产总值与中间业务技术对提高 TFP 有很大帮助。宋丽婷[23]对河北省 11 个城市 TFP 及影响因素进行了实证研究得出 TFP 的升高来源于技术进步，而工业与经济发展水平、政府科研投入与城市化进程都会对 TFP 产生影响。杨慧芳[24]对中国服务业和分行业进行了全要素增长的测算得出服务业发展滞后的原因来源于技术进步与效率的降低，从不同行业来看生产性服务业全要素生产率下降最快，消费性服务业存在全要素生产率异质性大的问题而公共服务业与两者相比情况较好，TFP 呈上升趋势且异质性较小。刘建国、刘宇[25]对杭州旅游全要素生产率进行分析得出，过量的投入要素因未能实现优化而导致纯技术效率的下降，但由于杭州在 2006 ~2013 年技术与规模效率的改善对 TFP 的增长起到了促进作用。吴琳萍[26]运用 Cobb - Douglas 生产函数对中国 1995 ~2015 年旅游业 TFP 增长率进行了估算得出旅游经济属于要素驱动型的外延式增长模式，并同样得出过量的资本投入造成要素拥挤，技术效率无法提高从而使 TFP 的旅游经济贡献较小。

在经济发展中，资源作为不可或缺的投入要素一直给人们一种用之有竭、取之不尽的假象，直到“石油危机”、温室效应与雾霾的出现让人们开始意识到现存的不可再生能源量逐渐减少，非清洁能源使用带来的后果让人们又回想起了1952年英国伦敦的冬天。过去那种认为资源是自然赐给我们的无限量生产原料的错误思想让多数学者忽视了两者对于经济增长的影响，因此，测算出来的经济增长动力具有一定的偏差，提出的发展政策有可能会带来负向效应。至此学者开始转向将能源消耗、环境质量指标纳入研究全要素生产率和经济增长的研究中。唐建荣、程静[27]运用最小二乘法探讨了技术进步、劳动力投入和能源约束对内生经济的影响，结论为劳动力不论在哪个阶段始终是经济增长的首要推力，人力资本效率对经济的影响存在区域性差异且在不同时期影响也不同，表现为高等阶段具有显著作用。能源消耗作用虽不及其他变量但仍不可忽视，对于中等经济发展的区域促进效果较明显，随着经济的提高其作用也会减弱。袁天天等[28]考虑了环境因素下影响中国轻、重制造业TFP指标的因素，指出研发投入对于两种工业均有正响应，行业规模对重工业，资本深化对轻工业有正向响应。林春、陈英杰[29]从投资与费用两个角度研究了全国29个省份TFP的水平与增长效应都得益于技术进步的增长，但在不同效应中两种角度的环境规制对全要素生产率带来了不一致的影响。在水平效应中投资与费用角度的环境规制对TFP都有促进作用且高水平的环境规制地区费用的促进作用要大于投资，在增长效应中投资角度的环境规制与TFP呈负效应，费用角度呈正效应。陈诗一[30]通过实证将环境与资源两个因素纳入模型中计算得出中国工业TFP要比原本传统不计入计算得出的值要低，此外能源与资本的投入是TFP以及工业经济增长的主要动力源泉。杨文举[31]将人力资本引入到经济增长模型中，研究了资源与环境约束下EC（H）、TC（H）、KC（H）和HC中哪个指标对经济增长与

TFP 贡献率最大，结果显示 30 个省份在 1997 ~ 2011 年 EC（H）具有较大差异且存在着技术无效率现象，总体来看，中国粗放式的经济发展方式中 EC（H）起到了阻碍作用，而其他 3 个因素产生了积极的促进作用。

由于实证分析方法多少存在一些问题，一些学者强调从经济实际发展状况出发去解读中国的全要素生产率增长。郑玉歆[32]运用定性分析法分析得出所有国家的经济发展都经历过要素投入与资本积累等，随着多元化的发展，外资一点点进入国内，因此，对于我国不同部门 TFP 的核算是很有必要的，这样才能根据相应的环境来制定促进 TFP 增长的措施。蔡昉[33]提出政府主导投资在处于二元与新古典经济的过渡时期并不能维持经济的持续性增长，政府应一方面提高技术进步来优化产业结构升级从而提高资源配置效率，另一方面通过政策的相关调整来形成具有中国特色的政策环境与“雁阵”模型，从而让中国的经济增长依赖于 TFP 的贡献。易纲等[34]提出若中国想要拉近与发达国家之间经济水平的差异光靠数量上的扩张是远远不够的，应该从根本上提高我国的技术与创新能力。易纲从我国改革开放到现在非公有制制度的实施，大批量高新技术的引进、模仿与研发，教育素质的提高，由我国市场所决定的人民币汇率变动情况与储备四个方面证明了他所提出的技术创新与发展对全要素生产率及经济增长率有提升作用的观点。陶长琪、彭永樟[35]从中国制度质量的角度出发探索两驱动（要素、创新）、两依赖（制度、技术）对中国经济增长可持续性的重要性，并从东、西、中三个区域的创新驱动效应进行了测量，提出制度质量是保证创新驱动的重要前提，因此，要根据不同区域制定不同的制度。

2.2 可持续发展理论与实证

随着工业文明时期的到来，经济与科技快速发展，人们对自然环境的干预能力逐渐增强。为了满足自身发展需求，人们开始采用先进的科学技术与设备对物质能源进行大量的开采与挖掘，从而出现了环境污染、水土流失、能源短缺等问题。随着当代人们面对的生态环境及经济发展问题的不断增加，可持续发展理论在探讨中逐步形成。1972 年，在斯德哥尔摩举行的人类环境研讨会上探讨了发展中国家在发展中享有的环境权利，1987 年，布伦兰特女士在《我们共享的未来》报告中首次提出了可持续发展的概念，并被大家所接纳，即指在满足当代人的生活发展需要的前提下还不损害我们后代人发展所需的物质基础。其实在 1987 年之前就有学者从不同研究领域提出了一些有关人类与环境、物质资源的发展问题。卡逊[36]对于过量使用杀虫剂给环境带来的破坏进行了研究，从而提出人类不能贪婪地认为自己是地球上的主宰者，可以分配一切物质资源，应将自己看作地球的一部分，平等看待地球上的一切生命。Malthus[37]、David Ricardo[38]的研究提出了土地是有限资源，随着人口数量的不断增加土地供应的粮食会下降造成短缺，最后导致人类增长停止。David Ricardo 同样也指出由于这种资源的稀缺最后会造成经济增长下降。虽然当时学者们并没有提及“可持续发展”这一概念，但确实有理由来证明它们可作为经济可持续发展的前身。近年来可持续发展逐渐被各领域学者进行填补完善，它已不再单纯指某一个学科的可持续发展，而是容纳了经济、自然生态环境、社会等全方位协调的可持续发展。

当代学者讨论最多的是环境与经济可持续发展。环境可持续发展是可持续发展的中心、是可持续发展概念的起源。对于经济可持续发展一直分为两种论述，传统经济研究学者把环境作为客观不变的变量，认为经济受到大自然资源的阻碍而不能进行可持续发展。科尔等建立了经济可持续增长模型，阐述了可持续发展理论对经济与环境发展起到了一个很好的调节作用，在保持环境质量的前提下可以达到经济利润最大化。现阶段经济发展重点在于质量和数量，我国由原来的高投入、高排放的粗放型经济发展转变为集约型经济发展。通过这一政策的实施，既可以保障人民生活水平质量的提高同时又保护环境不受污染，为我们的子孙后代留下绿水青山，是可持续发展的物质基础和动力支持。经济、环境可持续发展与产业结构的调整具有一定的相似性，因此，一些学者开始对产业结构调整，优化升级对可持续发展的影响以及关联之处。范德成、王姮[39]回顾了我国产业的转型发展历程与缺陷并与可持续发展理论相结合，为未来产业转型发展提供了新思路。董耀武、雷长群[40]基于经济已进入内涵式发展状态，以重庆市为例，对其产业结构、经济发展进行了分析进而探讨西部地区产业结构调整与可持续发展的关系。宫清华等[41]以中山市为例，在经济效益最大化和资源利用最小化两个条件作用下，结合投入产出与数学规划模型分析了最优产业结构并提出了相关政策建议。张唯实、胡坚[42]从产业结构对我国经济增长的贡献、经济规模、要素效率方面进行了分析从而得出中国未来的产业发展要突破路径依赖，未来发展可以转向具有密集型的资本和技术产业。

2.3 生态文明理论与实证

人类的生存发展中离不开对自然的依赖，两者相依相偎，我们不能大度谈论人类的生存发展而不考虑自然，也不能单独地来讲自然，这样是毫无意义的。生态文明理论建设分为两个重要时期，第一个时期是马克思恩格斯提出的生态文明概念，两人分别从哲学视角和理论层面提出自然界与人类存在着有意识的互动，人类发展依赖于自然界提供的物质资源进而影响自然界的发展，而自然界也在同时改造着人类，让人类随着自然的变化而变化。随着工业革命的到来，人类对自然的认识不断加深，人类由原来扮演着从属于自然的一部分遵循自然规律变化的角色转换为征服自然、对自然大肆掠夺的侵略者。马克思是第一个将人类的生活历史与自然环境、思维方式以及自然界的发展看作一个生态系统的各个组成部分，运用辩证统一的思想系统阐述了每一部分子系统发展的必然联系，为后来生态文明的建设奠定了基础。恩格斯曾说过我们不应沉浸于侵占资源，征服大自然的欢乐中，总有一天自然界会让你的欢乐付出代价，因此，我们要尊崇自然并与自然和谐相处。中华人民共和国成立后，我国不同时期的领导人在继承马克思与恩格斯的生态文明思想基础上分别阐述了自己对其词语的理解与认知，并为我国的发展提出了方向。毛泽东曾指出对于建设社会主义中国，我们要依赖于自然界，我们要弄清楚自然界的发展规律、现象以及我们该如何正确地与自然界相处，在建设期间我们不仅要关注其发展态势也要注意避免各种资源的浪费，否则自然界就会让我们碰钉子，我们社会主义的建设就会受到阻碍。毛主席对于社会主义建设提出的一番话给予后人研究探索奠定了基础，这也是我国生态文明建设的萌芽时期。邓小平曾经在我国工业化发展进程中提出当前我们要使社会经济与自然和谐健康发展，我们要将环境保护工作纳入我们的法治工作中，向人们宣传环保意识，制定相关法律来约束人们的行为，使其认识到环境与资源的重要性，让人们在发展的同时不损坏环境利益，为其政策的实施提供支持，做到有法可依有法必依。江泽民时期提出的三个产业协调发展，决不能走先污染后治理的断子绝孙路以及胡锦涛在十六大报告中提出的科学发展观，“以人为本”构建生态良好的发展道路和党的十八大后高度凝练的“五位一体”发展战略都是对“生态文明建设”理念的进一步认识与丰富完善。当前我国经济发展已步入新常态，经济增速由过去的高速增长转变为中高速增长，国家在经济发展中更加关注质量与效益。习近平总书记也曾提到过绿水青山就是金山银山，在经济发展中应牢记绿水青山的重要性，秉承五大发展理念，力图做到人与自然和谐共处，从以前的为达到温饱水平而努力奋斗转换为以环保为前提进行的可持续发展。

在学术研究中，不同的学者也根据自己的研究领域对生态文明提出了不同看法，姜春云[43]曾指出，生态文明是历史发展演进的必然结果，其源于工业文明又高于工业文明，遵循科学由“一到整合”的发展规律并融合了当代的知识、人力资本、生态经济。张明国[44]基于哲学视角提出生态文明起源于生态的不断运动以及技术的更替，它是工业文明的延续，构建新生态文明的主体，焦点与自然社会关系的文明。周光迅、武群堂[45]指出生态文明是对于人类生产方式、生活方式和价值观念的一种全新的追求模式，是当今世界的主流思想，是解决当前环境发展问题的关键性因素。李艳艳[46]提出大多数学者基于马克思理论提出的生态文明是调节人与自然的关系这种解释并不全面，甚至进入了某种误区，他们把自然环境作为人类发展进步的决定性因素。马克思曾经说过虽然环境对于人类的发展，社会进程产生了许多影响，但是人类社会的发展似乎沿着某种轨迹缓缓前进。因此，生态文明虽起到了调节人与自然的和谐关系但最重要的还是在于调节人与人之间的关系，从而使社会关系合理化。对于在生态文明下的经济发展研究，我国学者曹洪华[47]以洱海流域为例通过构建生态系统耦合来研究其经济、生态、自然状况。齐喆[48]以北京市为例运用改进的生态足迹模型和 SBM 模型对生态效率与承载力、环境利用率、经济增长形势进行了分析并得出北京的经济发展是以消耗资源与环境为代价的不可持续发展。杜昌河、敬莉[49]通过因子分析法与综合评价评分法对新疆四个区域的经济发展水平与自然环境进行了分析得出经济与自然存在着不协调的关系。

2.4 综合评价法

随着方法论的逐渐完善，评价研究经济效益已经由原来的引进次序法、标准化计分法等指标体系法发展为主成分分析法、因子分析法、熵值法、模糊评价法、灰色关联分析评价法等多指标综合评价法。多指标评价方法的出现弥补了指标体系法中无法解决评价对象的时间与空间的对比问题，但是每个指标又有其美中不足之处。

在进行问题研究探索时，我们一般会考虑多种因素对某一事物的影响，这样才能将问题研究得更加透彻，但这也带来了许多问题。

1993年，霍特运用“降维”的思想将多个指标进行综合，把原有指标转换为一组线性无关的变量从而消除了各指标之间的相关影响与信息重叠，简化指标体系结构，将大部分信息用最主要的因素指标来替代，使其能够涵盖所有问题的内部关联。但是随着对该方法的进一步深入运用与研究发现，主成分分析法运用的前提是各指标是相关联的，但如果运用的指标是无关的话，那么就很难提取到理想的主成分[50]。在研究中有些问题是无法用准确的数字来进行量化的，因此，许多学者开始专研于如何将这些模糊的问题用某种方式表达出来。1965年，札德提出了模糊集合论并解释了模糊集的定义。模糊评价主要是将影响研究对象的各种因素进行分类，确定评价指标因素集，然后根据评价指标的特征设定评语集关系矩阵，最后依据指标权重与模糊关系矩阵对目标指标进行评价，进而得出模糊评价结果。我国学者邓聚龙[51]根据信息的已知性与未知性特点提出了灰色系统理论，并在各领域与交叉学科中得到了很好的运用，但其也具有主观性强，最优值难以确定等缺陷。

从上述阐述中我们发现因子分析法、模糊评价法法、灰色关联法等这些常用的对环境质量进行评价的方法具有共同的缺陷，一方面，评价仅停留在某一静态时点上，缺乏连续性与动态性；另一方面，没有考虑到评价指标之间的差异性，选取的权重系数没有体现各个指标在指标体系中的变异程度以及对其他指标的影响程度。而纵横向档次拉开法是用一种将评价过程中可能出现的主观因素干扰降到最低，在时间立体数据表上最大可能地体现出不同时刻各个系统、各个评价对象之间差异的评价方法，因此，运用该方法更能表述环境污染状况。

2.5 研究述评

从研究方法来看，在环境污染测算中，有的学者应用因子分析法来进行研究，有的学者采用熵值法，有的学者采用模糊评价法。从研究表述的内容来看，环境污染是一个连续动态变化的指标，因此，因子分析等停留在某一时点的分析方法并不适用与环境状况的评价，外加学者对于环境指标的选取标准不同，导致所得出的结论也不相同。在探究经济增长动力源泉时，过去多数学者并没有将环境与资源考虑在他们的研究中，因此，得出的经济增长动力源泉往往与现实不符，随着经济发展、生态环境问题的出现，大量学者开始从自己的研究领域出发探析能源、环境、经济增长三者之间的关系，但结论较为分散，缺乏完整统一的框架将三者结合起来，此外，学者多数集中于中国或发达区域研究，对广西进行直接研究的文献较少，广西作为我国与东盟的交流枢纽，西南与华南的大通道，研究其经济增长动力是“汗水”还是“破坏”对广西未来的发展具有重大意义，为其增长方式转变与高质量发展提供了理论支撑。

第3章　广西经济发展历程

3.1　总量视角下的广西经济

衡量一个国家或一个地区的经济发展状况首先看的就是地区生产总值，它是评价宏观经济增长的关键指标。自1978年以来，广西牢牢地抓住了发展机遇，迎合时代契机，在经济发展方面取得了巨大的进步，从而实现了从封闭僵化到开放搞活的历史性转变，从贫困到温饱的历史性跨越，从计划经济到社会主义市场经济的历史性变革。1978年广西的生产总值为75.85亿元，到2017年达到了20396.25亿元，在短短的39年里增加了523倍，1994年生产总值首次突破1000亿元，1990～2000年GDP首次高于全国经济水平，到2017年，广西地区生产总值在全国排名上升到了第17位。从图3－1中我们可以发现，2000～2004年GDP大幅度上升，这与国家实施的西部大开发战略密不可分。2009年，由美国次贷危机引发的金融危机蔓延全球，广西的GDP也同样受到了影响，其增长率大幅下降。在此情况下，广西采取了一系列措施，使广西经济快速恢复。此外，广西生产总值每增加1000亿元所需的时间越来越少，从1980～1994年需要14年完成，到2016～2017年仅需要1年，表明了广西经济增长质量和经济整体素质的提升。近几年，广西地区生产总值的增加带动了居民收入的增加、劳动率以及消费的提高，从而促进了地区商品的进出口，其经济发展实现了历史性的突破，从而迎来了一个新的发展阶段。

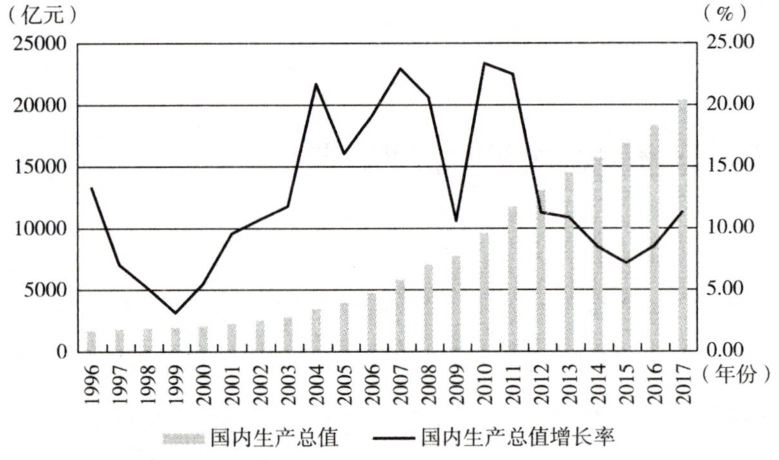

图3－1　1996～2017年广西地区生产总值及增长率

经济发展水平步入新台阶，不仅表现为经济总量规模的扩大，而且也表现为人均指标的迅速提高。从各国发展历史进程与经验总结来看，一国或一个地区的人均GDP达到1000美元时，它的经济社会发展就进入了一个重要的转折时期，这个时期既可以称它为黄金阶段也可以叫作矛盾时期。因为在这一时期中，会遇到两种经济发展方式：趁势而上或不进则退。1996～2017年，广西人均GDP从

3706 元增长到了 41955 元（见图 3－2），2005 年，人均生产总值超过 1000 美元，广西的经济发展步入了黄金阶段。人均收入水平快速增长，居民消费不断升级，消费结构从过去的满足基本生活消费转向享受型消费。

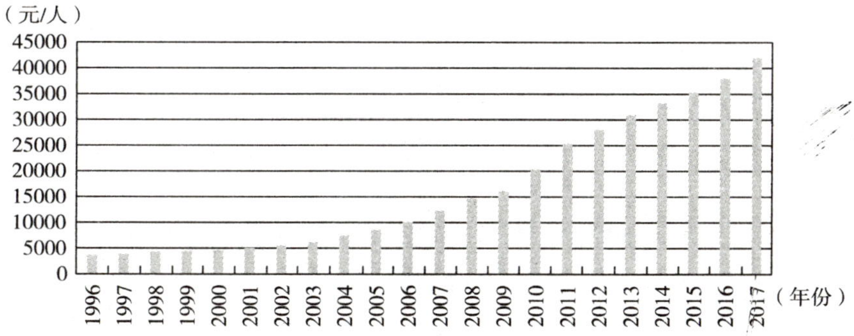

图 3－2　1996～2017 年广西人均 GDP

自改革开放以来，随着家庭联产承包责任制在我国的推行，经济发展格局与方式的不断调整，国民收入主体分配开始向居民个人倾斜，人民收入大幅度增加（尤其是城镇居民收入），生活水平不断提高。由于广西地处西部区域，与其他省份在历史、人文、自然环境等方面有很大的不同，因此，收入增长水平相比较缓慢，但从广西整体发展来看城乡居民收入无论是在水平上还是结构上都有一定程度的变化。从图 3－3 中可以发现，广西城乡居民家庭人均可支配收入每年都有所增长，1996～2005 年两者收入变化幅度较小，2006 年之后，呈一路上升趋势，城镇居民家庭人均可支配收入在 2007 年首次突破万元，为 12200 元/人，农村人均纯收入在 2016 年突破万元，为 10359 元/人，城镇居民生活水平要领先于乡村人民 9 年

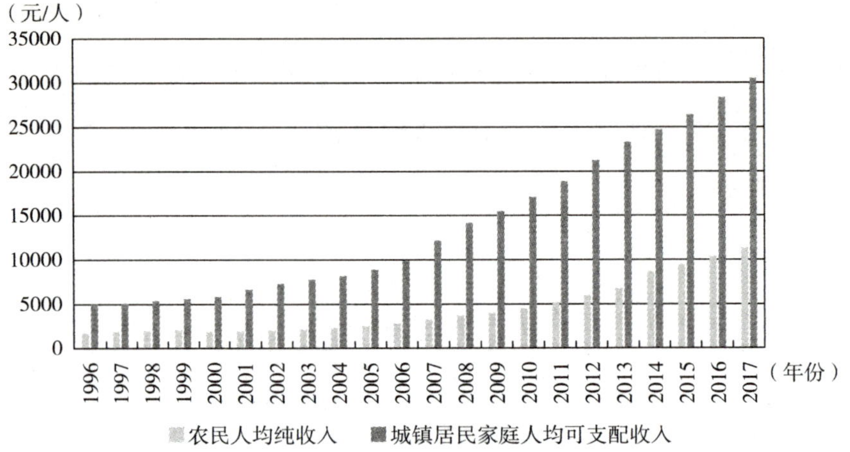

图3－3　1996～2017年城镇居民家庭人均可支配收入及农民人均纯收入

之久。22年来广西城镇居民人均可支配收入由最初的5033元/人增长到30502元/人，广西农民人均纯收入由1996年的1703元/人增长到2017年的11325元/人，增长了6倍之多。但进一步从两者收入比来看，在同等经济发展状况下受益程度具有较大差别，1996～1999年城乡收入比为2.75，到2000～2013年上升为3.6，2014年收入比又下降为2.75，最高点出现在2009年，最低点出现在1999年，城乡收入差距水平由1996年的3330元/人增长到2017年的19177元/人，呈不断扩大的发展轨迹，相差5倍之多。从经济增速来看，2010年之后农村人均纯收入开始低于城乡居民家庭人均可支配收入，农村居民从经济增长中获得的利益更少，因此，城乡收入比与收入差距有不同幅度的升高和降低，但两者之间的差距在逐渐扩大。从广西人口构成来看，乡村人口要多于城镇人口，乡村人民是广西经济的主要消费群体，若要推动广西经济发展那么提高乡村人民收入就势在必行。

在当代社会，能源已经成为国民经济的命脉，它是支撑社会发展的重要物质基础，是保障行业正常运作的前提条件。回首往昔，我们发现社会的每一阶段发展都离不开能源的推动，随着人民生活水平的提高其对能源需求依赖的程度也在加强。在改革开放初期，由于广西缺少外部的资源推动，快速的经济发展主要来源于大量的资源开发利用，因此，经济长期处于高投入、高消耗、低效益的粗放型发展阶段，外加广西的地理位置原因，常规能源资源相对匮乏，利用效率偏低导致能源消费与能源生产的矛盾日趋突出。根据《广西壮族自治区环境保护厅》发表的各年环境统计报告可以看出，广西城市空气质量、主要河流水质等在2011～2014年均有一定程度下降，广西环境承受力接近上限，面对着这些生态环境问题的威胁，广西的经济也受到了巨大的损失。能源总量以及结构偏差成为了广西经济可持续发展的阻碍，使其面临着能源短缺和环境约束的双重压力。2001年中国加入WTO之后，经济全球化进程开始逐渐加速，加之工业化和城镇化进程的快速推进，能源需求出现超高速增长，说明经济发展对资源的依赖程度居高不下。而广西作为中国的一员，经济发展状况也不例外。从图3－4中我们可以发现，2002～2004年能源消费增长了9倍，但在2006年之后的几年中增长率有所下降。广西能源消耗总量由1996年的2301.11万吨标准煤（下同）增长到2017年的10458.46万吨标准煤，增长了7倍之多，年均增长率为7.36%，能源生产总量由1996年的1035.5百万吨标准煤增长到2017年的3255.17百万吨标准煤，年均增长率为6.42%，从1996年起，能源消耗总量一直大于生产总量，尤其是在2003年之后，供需缺口越来越大，能源自给率到2017年降为31.12%。如果广西依靠这种发展方式继续走下去就会出现能源供应安全问题，便会出现制约经济发展等现象。在图 3－4 中我们可以发现广西能源消费总量增长率与经济增长率的变化趋势大致相同，经济增长速度加快时，能源消耗总量也跟随着加快，经济增长速度放缓时，能源消耗总量也随之降低，说明广西经济增长仍以粗放式的能源投入为拉动经济的主要增长方式。但是我们发现在某些年间（如 2004～2005 年），能源消耗增长率大于经济增长率，其他年间呈现出经济增长率高于能源消耗增长率的情况，这表明在某些情况下能源消耗总量的增长不一定会刺激经济的增长，因此，我们不能一味地大量消耗能源来推动经济的增长。2017 年之后，能源消耗总量的增长对于经济增长的贡献开始减小，说明广西开始逐渐提高能源效率，拉动经济增长的产业开始从资源投入型向创新驱动型、技术集约型转变。

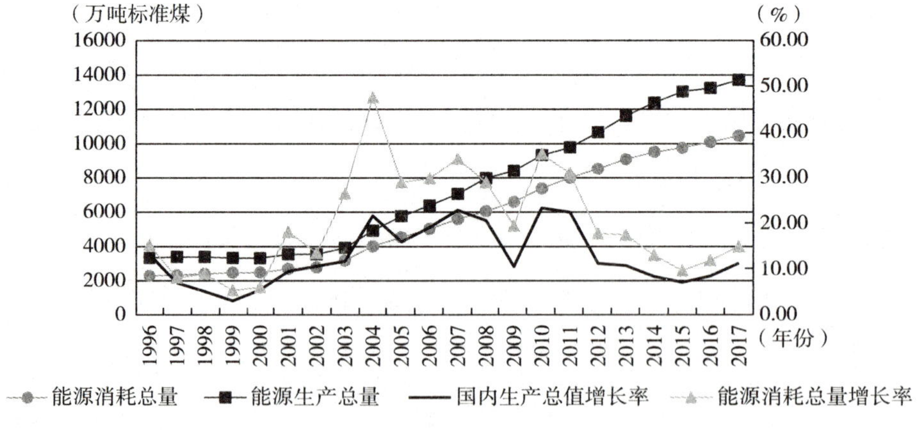

图 3－4　1996～2017 年能源消耗趋势

1996～2017 年，广西能源消耗总量年增长率为 7.36%，高于同期全国能源消耗总量增长率 1.5 个百分点，在 2017 年全国排名中位列第 8，呈现出快速增长的趋势，其中，工业能源消耗占据了大部分比重。由于广西地处西部，具有资源相对匮乏，一次性能源产量较少等劣势。从近几年统计数据来看，广西能源的消耗总量速度要大于其生产总量的速度，能源自给率呈下降趋势。据《广西统计年鉴》显示，2017 年万元 GDP 能耗同比下降 3.64%，全国排名第 23 位，能源消费弹性系数下降到 0.49，能源消费强度由 1996 年的 1.36 下降到 2017 年的 0.51，表明近些年来能源利用效率显著提高，经济发展对能源的依赖程度逐渐减小。从图 3－5 中我们可以看出，广西能源消费结构的主要特点是以煤炭为主，自 1996 年以来消耗量逐年上升，到 2013 年之后煤炭占比开始下降。石油消耗增长速度从 2005 年开始趋于稳定状态，一直在 17% 左右，水电及其他能源增加趋势缓慢且有下降趋势，2013 年之后，水电等清洁能源占比呈上升趋势，在 2017 年为 36.23%，煤炭占比下降至 45.38%。从以上分析我们可以了解到，广西能源存在资源禀赋低、能源消费总量增长较快、一次能源生产量小、自给率较低等特点，意识到自身缺陷后广西开始调整能源消费结构，更加关注与经济和友好环境之间的协

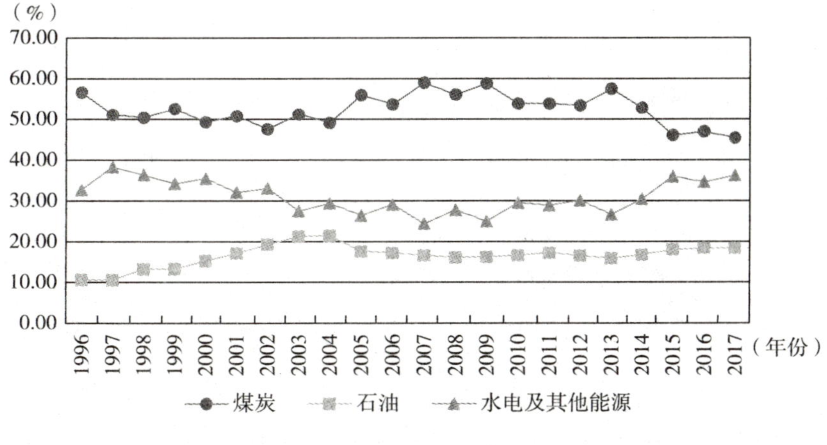

图 3－5 1996～2017 年一次性能源消耗变化

调发展，未来一段时期，广西会一直秉承着这个发展方式，但是却不能立刻调整煤炭等化石能源在消费中的占比快速减少，这就容易造成严重的环境污染问题，且不利于保障能源安全。为保证广西能源产业可持续性发展，满足人民日益增长的能源消费需求，根据广西自身能源产业特点，将采取科技创新、开源节流、发展重点行业等战略。

3.2 结构视角下的广西经济

国民经济发展状况及水平与产业结构演进相互影响与制约。1978 年以后，我国经济开始逐渐走入正轨，经济体制从计划型转为市场型，广西产业结构跟随国家的政策指导经历了不同种类型的变化过程，由最初的低级简单化转变为高级合理化。1978 ~ 1988 年呈“一二三”型，该时期农业为主导产业，这主要源于广西是农业大省的独特性质以及 1981 年之后实施的家庭联产承包责任制对农业产业的进一步推进。1989 ~ 1992 年呈“一三二”型，第三产业首次超过第二产业的产值，略有发达地区发展的缩影，这与当时大力发展桂林、阳朔文化旅游业和南宁的服务业政策紧密相关。1993 ~ 1998 年为广西产业结构处于调整期，第二产业优势初露头角，整体呈“二三一”型。1999 ~ 2007 年产业结构转变为“三二一”型，2007 年之后，第二产业再次赶超第三产业。并在 2007 ~ 2013 年拉开了很大的差距，形成了以工业发展为主，带动了整体经济发展的模式，但广西工业主要以传统的重工业发展为主，具有依赖资源投入与环境损坏的特点。2014 ~ 2017 年，第二产业产值开始呈下降趋势，第三产业产值持续上升，两者在总产值中的占比分别为45.59%和40.16%，有二三产业共同带动经济发展的趋势，通过探析广西第三产业内部发展动力，可以了解到旅游业的发展功不可没，“十三五”期间，我国继续提出创新“旅游+”的发展战略，推动产业逐渐从资源驱动型走向创新驱动型，而这一政策对于环境旅游优势突出的广西来说是一个发展的大好时机。第一产业产值占比在1997年之后开始大幅下降，到2017年产值占比为14.25%，共降低了17.82个百分点，按照当前状况来看未来仍有下降态势（见图3－6）。从上述分析中我们可以了解到，自改革开放以来，广西不断加快经济结构调整和转变经济增长方式，促进粗放型增长向集约型增长转变，其产业结构基本符合演变规律。但是广西总体产业中多数资源被低效率与低质量的产业所霸占，形成了路径依赖，成本大量积淀，产业间具有弱联系与非协调性。此外，广西存在第三产业发展较快层次不高的缺陷以及第一产业的相对滞后难以为二三产业的快速发展提供保障的问题。

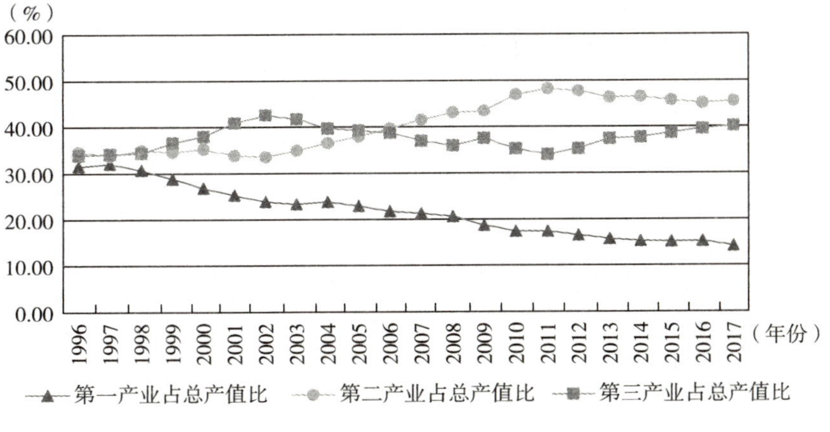

图3－6　1996～2017年广西三次产业结构

出于对经济增长的不同理解，经济学家对经济增长因素进行了不同的分解，通过对现有文献的阅读，发现人们常常将最终消费、资本形成总额、货物和服务归结为拉动经济增长的“三驾马车”。在可持续发展环境下，广西该如何驾驭好这“三驾马车”从而实现经济稳定快速发展是一个发人深思的问题。从改革开放以来，广西经济增长取得的巨大成就与这三大需求紧密相关。图3－7呈现了支出法核算下最终消费、资本形成总额、货物和服务净出口对广西GDP的拉动强度，从波动趋势上来看三者存在着较大差异。我国改革开放40年的发展历程中每一次消费需求（温饱需求—电器需求—互联网、大数据等新型产业需求）的提升对于经济结构转型优化（第一产业优先发展—第二产业为主导产业—第三产业快速升级）都起到了主要的推动作用，在经济新常态下，人们愿意用金钱来换取除物质以外的能够实现自我价值的精神产品，因此，促就了第三产业的高速发展。1996～2017年广西最终消费支出对经济增长贡献较平稳，波动幅度较小，平均消费需求弹性系数为1.2。2009年与2017年资本形成总额与货物及服务净出口对经济增长的贡献出现较大幅度波动，且出现负向阻碍行为，三者在21年间对地区生产总值增长的平均贡献分别为56.54%、54.63%和－9.21%。此外，在最终消费支出中，广西居民消费（27.2%）对地区产值的贡献大于政府最终消费支出（9.2%），而居民消费支出中城镇居民消费支出占19.1%，这主要源于农村居民收入与城镇居民相比差距较大所致。广西整体投资率与拉动率呈上升趋势，但在2012年和2017两年呈下降态势，投资贡献率在2009年达到最高为2.29%，2017年最低为－1.44%，2004～2011年，资本形成总额对经济的贡献作用高于最终消费，主要是因为这段时间居民储蓄率提高所致。由此我们可知，最终消费和资本形成总额对经济起到了积极的推动作用，随着城镇化与工业化建设持续推进，广西资本形成总额对经济增长的贡献率在 2009 ~ 2010 年超过 100%，成为广西经济增长的决定性力量，同时，在这 21 年中，广西固定资本增速大于存货增加，为广西奠定了良好的经济发展基础，但与邻近区域相比还有较大差距。货物和服务进出口从 2008 年之后多个年间呈现负值，在发展中起了负作用，给广西的经济发展拖了后腿。制约广西经济发展的主要“瓶颈”有 4 点：贸易商品结构不合理、服务贸易落后于货物贸易、消费品大部分从外省流入、没有自己的品牌产品。通过以上分析可知，广西外贸结构应该进一步优化，消费体制应进一步完善，把握线上与线下消费趋势的转变，消费理念的转换，同时，对农村居民消费动力进行深入挖局，促进该市场对经济的贡献度，从而使广西发展效益和质量不断提升。

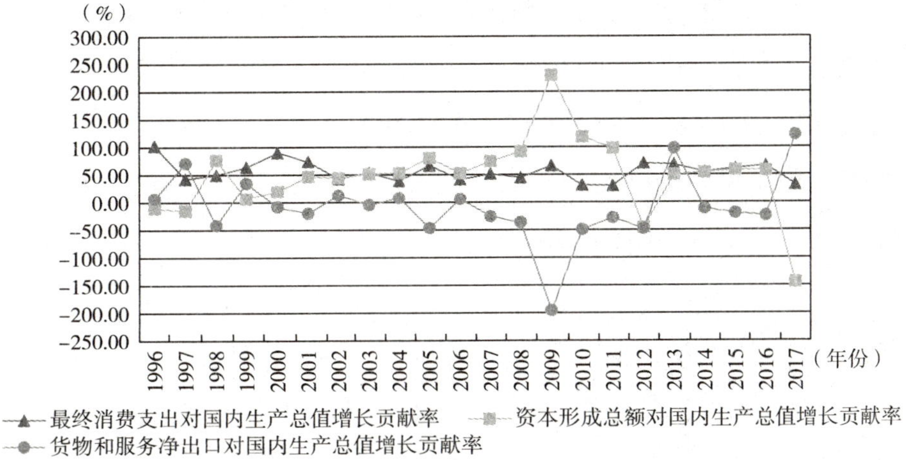

图 3 – 7　1996 ~ 2017 年广西三大需求对经济增长的贡献率

人口结构是推进经济增长与发展的重要基础与媒介，通过与社会中的各经济发展要素形成关联效应，直接或间接地影响着经济发展进程，对于当前以加强城镇化建设为发展目标来说，人口的结构对突破城乡二元化经济体制具有重大作用，因此，在发展经济过程中同时要考虑到当前人口结构的问题。自中华人民共和国成立以来，国家经济得到了快速发展，人口结构出现了三高一低即“高出生、高死亡、低增长”的现象。由于人口的快速增长给医疗、教育等方面带来了巨大压力，于是政府开始宣布计划生育，中国各地区人口也逐渐转变成了低出生率、低死亡率、低自然增长的一种状态，在这一阶段中，广西总人口抚养比呈下降趋势，劳动力资源较丰富，抚养的负担较轻，具有高达30年的人口红利，并将这一时期称为广西经济发展的黄金期。从表3－1可以看出，1990～2016年，广西0～14岁人口比例呈下降趋势，成年人口和老年人口占比呈上升趋势，人口老龄化速度在逐渐加快，成为我国较早进入老龄社会的省份之一。出现这些现象的主要原因是人民生活水平的提高带动了相应文化水平的提高，由此出现了许多丁克家庭以及预期寿命延长的情况，在此情况下，人口红利逐渐消失，此外，大量年轻人追求在相对发达的城市进行劳作，劳动力人员流出较多，大部分老年人被留在了省内。按照联合国颁布的人口年龄类型划分标准，目前，广西人口类型已经属于老年型。我们都知道经济的长期发展问题需要供给方面的因素来支撑，但近年来，广西抚养比开始呈上升趋势，劳动力人口数在逐渐减少，这对未来社会的产业结构以及经济结构会产生巨大的影响。从消极方面来看，劳动力人数的减少会提升人力资本成本，对于整个区域来说会减少市场竞争力，降低利润。对于区域中的企业来说，由于政府将大量资金用于养老等投入，政府对于企业的项目资金支持就会减少，这时对于那些规模较小的小型企业或发展中的企业来说会存在倒闭的风险，社会再生产受到进一步阻碍。从脱贫角度来看，老龄化的加速会增加广西政府脱贫与扶贫的难度。从消费角度来看，老龄化社会会降低整体消费水平与消费需求，从而降低新产品与技术的推广。从积极影响方面来看，虽然劳动力发生了减少，但是广西近年来平均受教育水平有所提高，这样依靠高素质人口来推动企业创新生产，提高生产效率，从而去弥补这一方面带来的损失，也是推动一区域技术进步的方法之一。从总体来看，老龄化社会形态对经济的消极影响要高于积极影响。为了解决老龄化人口的问题，2015 年，党的十八届五中全会上领导

表3－1　广西人口结构　　单位：%

年份	0～14 岁占总人口的比重	15～64 岁占总人口的比重	65 岁及以上占总人口的比重
1990	33.38	61.20	5.42
2000	26.2	66.49	7.31
2005	23.76	66.67	9.57
2007	22.28	68.45	9.27
2008	22.07	68.48	9.45
2009	22.1	68.5	9.4
2010	21.71	69.05	9.24
2011	21.8	68.47	9.83
2012	21.96	68.3	9.74
2013	21.57	68.77	9.66
2014	21.58	68.75	9.67
2015	22.09	67.94	9.97
2016	22.08	67.97	9.95
2017	22.11	67.94	9.95

人提出实施二孩政策，来减少出生率逐年下降的现象，但是这一政策的提出并没有得到很大的响应，2018 年和 2019 年广西又分别从产假、二孩补贴、保险等方面下足了功夫来提高生育率，以期在之后几年增加新生儿的出生率。

广西地处中东接合部，因此便成为了中国与东盟联络的交通枢纽，也承载了使中国“走出去”和东南亚“走进来”的重要使命。自西部大开发以及北部湾经济区建设以来，进出口贸易成为了广西经济增长的主要驱动力，经济增长随着贸易总额的加快也随之加快。由图3 - 8 可知，1998 ~2001 年，受亚洲金融危机的影响，广西进出口总额变化幅度较大，2001 年的出口总额为 1998 年的一半。随后几年中金融危机逐渐消失，广西的外贸总额开始逐渐恢复，特别是“十一五”时期广西的进出口总额连创新高。自 2006 年以来，广西的对外贸易得到了快速发展，从 2006 年的 66.74 亿美元增长到了 2017 年的 572.1 亿美元，短短 12 年间翻了大约 8.6 倍，此外，对外贸易额在 1996 ~2015 年为贸易顺差，在 2016 ~2017 年为贸易逆差。2011 年，广西外贸进口和出口额双双突破百亿美元，2017 年广西外贸进口总额为 297.54 亿美元，出口总额为 274.56 亿美元，分别比上年增长了 19.65%、19.22%。1996 ~2017 年，广西平均进出口弹性分别为 0.61、0.49。随着我国对外开放的逐渐深入，广西贸易结构和贸易方式发生了较大变化，其增长方式已由恢复性转变为实质性，在快速增长的背景下我们也发现，广西的出口主要依靠消耗资源和劳动密集型的产品，进口产品以资本密集型产品为主，因此，广西的外贸增长方式应该得到进一步的改善。

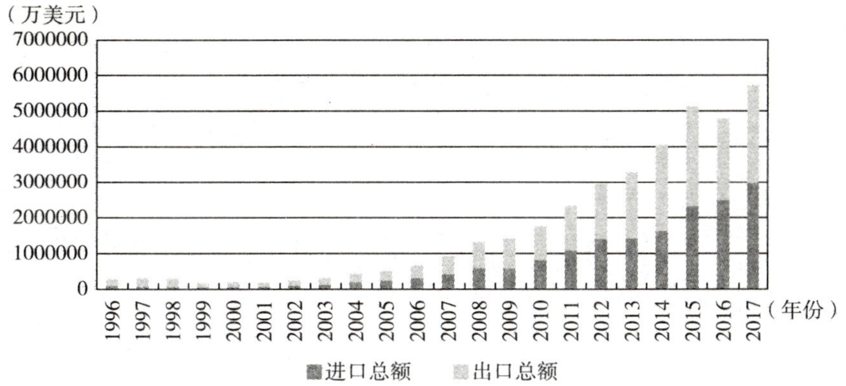

图3-8 1996~2017年广西进出口总额

第 4 章　广西污染排放状况实证研究

4.1　广西环境质量水平分析

工业化进程的加快带来的直接影响为“三废”的排放超标，1996～2016 年，广西“三废”排放量持续升高，其中，水污染是固体废弃物产生与废水排放间对环境污染最突出的问题。1996～2016 年，广西废水排放量逐渐呈上升趋势，2016 年，废水中化学需氧量和氨氮量分别为 41.6 万吨和 4.61 万吨。1996～2008 年，工业废水排放量在废水排放中占比约为 54%，工业废水年均增速为 8.9%。2008 年，工业废水排放量达到最高值为 205745 万吨，2008 年之后工业废水排放量大幅度下降，到 2016 年为 32554 万吨，占总废水排放量的 16.85%。城镇生活污水排放量占比开始逐渐攀升，2016 年，总排放量高达 156955.44 万吨，占总废水排放量的 81.25%。2008 年之前，工业废水的高度排放源于西部大开发及工业兴桂战略的实施，大量传统工业废水的无序排放，低效处理方式将未达标的废水直接排放于自然生态河水中所致。2008～2009年的大幅下降源于金融危机对中小企业资金周转所致，部分工业企业在这一期间出现关闭减产现象。2009年之后，经济开始逐步恢复，高质量的发展要求促使工业产业的结构开始逐渐调整，政府开始意识到加强工业废水排放处理系统的重要性，因此，这段时间污水排放量呈高速下降态势。城镇生活污水主要源于居民生活中使用的洗涤水、粪便等，城镇生活污水排放过高主要源于群众居民对于水环保意识的薄弱以及政府政策导向性偏差，过度关注与工业企业废水排放的防治与处理而忽略生活污水所带来的隐患。广西工业固体废弃物产生量相较于工业废水对于环境的污染较低，总生产量由1996年的1666万吨上升到2016年的6476万吨，年均增速为7.6%，在2016年工业固体废弃物产生量中，综合利用率较低，只达到了64.6%，4.05%的废弃物进行了处置，32.69%进行了贮藏，0.41万吨废弃物遭到丢弃倾倒，说明广西在固体废弃物循环利用技术方面有很大的提高空间。1996～2011年，广西工业废气排放量呈稳步上升态势，气体排放量由3927亿立方米升至29853亿立方米，该时期对广西环境污染损耗较严重，其原因在于重工业的盲目发展，2011年之后，气体排放逐渐减少，至2016年为13485亿立方米，年均增速为9.84%。通过对2016年工业行业"三废"排放量分析发现，工业废水排放量排前三名的行业为：农副食品加工业、造纸及纸制品业、化学原料及化学制品制造业，三者排放量占比为58.07%；工业废气排放排前三名的行业为：黑色金属冶炼和压延加工业，非金属矿物制品，电力、热力生产和供应业，三者产生量占总量的比例为71.07%；工业固体废弃物产生量排前三名的行业为：黑色金属冶炼和压延加工业，有色金属冶炼和压延加工业，电力、热力生产和供应业，三者产生量占比为64.46%。广西污染排放排名靠前的行业多属于高消耗与高污染并行的传统重工业企业，因此，广西未来环境污染调控要从产业结构与排放处理两个方面来进行调控，如图4-1所示。

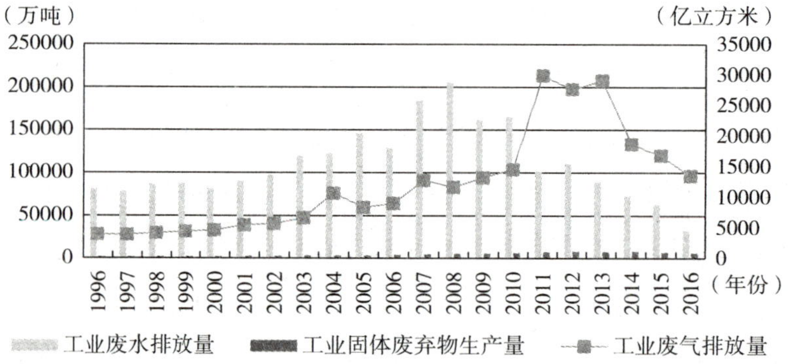

图4-1　1996~2016年广西“三废”排放总量

4.2　广西污染排放实证研究

4.2.1　数据选取与来源

在当前污染排放的分析中还没有一个能够全面表述环境污染与能源消耗的环境指标，大多数学者会从某一方面选取单一指标或多个指标进行分析。Merlevede等[52]以SO_2排放作为环境质量评价指标，Bruvoll等[53]用化学需氧量、温室气体和酸雨三种指标评价环境污染，郭莉、郭亚军[54]运用因子分析法建立工业总产值、废水、废气、SO_2等9个指标层对中国30个城市的经济环境协调状况进行综合评价。李玲等[55]运用层次分析法选取工业废水、废气、固体废弃物排放量为环境评价指标。屈小娥[56]运用Topsis分析法选取工业行业SO_2排放量、烟（粉）尘排放量、CO_2排放量、废水排放量和固体废弃物产生量指标对环境污染进行研究。白彩全等[57]运用熵权法选取工业总产值、工业废水排放量、工业SO_2排放量和工业烟（粉）尘排放量4个指标。王西琴等[58]研究天津环境质量时使用了包括工业废水排放量、工业废气排放量、工业废弃物排放量的污染水平用来表示综合的环境质量。雷明等[59]选用“三废”总量合成的相对指标代表环境要素。

在上述的研究中我们不难发现，单一或多个指标很难表达环境压力，分析环境压力时用单一或多个指标是有偏差的。而综合指标在一定程度上提高了结果的准确性，但合成相对指标的方法易受主观因素干扰。因此本书选取工业废水排放量、SO_2排放量、烟（粉）尘排放量、工业固体废弃物生产量、CO_2排放量共5个指标进行测量。

根据数据可获得性，本书选取了1996～2016年广西、云南、贵州、甘肃、四川、重庆、陕西、青海8个省份的工业废水排放量、SO_2排放量、烟（粉）尘排放量、工业固体废弃物生产量、CO_2排放量5个指标对环境状况进行评价分析，其中，前4个指标来源于各省份的统计年鉴和环境统计公报。

对于CO_2排放量，各省份没有正式的官方统计数据，因此，本书CO_2测算指标根据扩展的Kaya[60]恒等式估计碳排放总量。

$$C = \sum_i \frac{E_i}{E} \times \frac{C_i}{E_i} \times E = \sum_i S_i \times F_i \times E \tag{4-1}$$

其中，E为各类一次能源的消费总量，F_i为i类能源的碳排放强度，S_i为 i 类能源在总能源中所占的比重，各能源换算标准煤系数及碳排放系数如表 4－1 和表 4－2 所示。

表 4－1　各种能源换算标准煤系数　　单位：千克标准煤

能源类型	煤炭（千克）	石油（千克）	天然气（立方米）
标准量转换系数	0.7143	1.4286	1.33

资料来源：《中国能源统计年鉴》。

表 4－2　碳排放系数

能源类型	煤炭	石油	天然气	水电、核电
F_i（万吨碳/万吨标准煤）	0.7476	0.5825	0.4435	0

资料来源：国家发展和改革委员会能源研究所。

4.2.2　评价方法

本书采用郭亚军[61]提出的“纵横向”拉开档次分析法，该方法能够最大限度地从横向和纵向体现被评价对象之间的整体差异。对于时刻 t_k（k＝1，2，…，21），取综合评价函数为：

$$y_i(t_k) = \sum_{j=1}^{m} w_j x_{ij}(t_k) \quad (k=1, 2, \cdots, N; \ i=1, 2, \cdots, n) \tag{4-2}$$

其中，$x_{ij}(t_k)$ 为 n 个被评价对象 s_1，s_2，…，s_n，按时间顺序 t_1，t_2，…，t_N 所取定的 m 个评价指标 x_1，x_2，…，x_m，w_j（j＝1，2，…，m）为权重系数，确定其取值的原则为在时序立体数据表中最大可能地体现出各被评价对象之间的差异，而 s_1，s_2，…，s_n 在时序立体数据表 $\{x_{ij}(t_k)\}$ 上的这种整体差异，可用 $y_i(t_k)$ 的总离差平方和表示为：

$$\sigma^2 = \sum_{k=1}^{N}\sum_{i=1}^{n}(y_i(t_k)-\bar{y})^2 \qquad (4-3)$$

由于对原始数据进行了标准化处理，所以 $\bar{y}=\frac{1}{N}\sum_{k=1}^{N}\left(\frac{1}{n}\sum_{i=1}^{n}\sum_{j=1}^{m}w_jx_{ij}(t_k)\right)=0$，从而 $\sigma^2=\sum_{k=1}^{N}\sum_{i=1}^{n}(y_i(t_k))^2=\sum_{k=1}^{N}[w^TH_kw]=w^T\sum_{k=1}^{N}H_k w=w^TH_w$。

其中，$w=(w_1, w_2, \cdots, w_m)^T$；$H=\sum_{k=1}^{N}H_k$ 为 $m\times m$ 阶对称矩阵；$H_K=A_K^TA_K$（$k=1, 2, \cdots, N$），$A_K=\begin{bmatrix} x_{11}(t_k) & \cdots & x_{1m}(t_k) \\ x_{n1}(t_k) & \cdots & x_{mn}(t_k) \end{bmatrix}$，$k=1, 2, \cdots, N$。

分析结论：第一，在 $w^Tw=1$ 时，当矩阵 H 的最大特征值 $\lambda_{max}(H)$，其所对应的标准（特征向量）为 w，且有 $\max_{\|w\|=1} w^THw=\lambda_{max}(H)$。

第二，当 $H_k>0$（$k=1, 2, \cdots, N$）时，在时刻 t_k 处，分别应用横向拉开档次法和纵向拉开档次法所得到的关于被评价对象 s_i 的排序是相同的。

评价方法的特点：第一，原理简单且具有明确的直观意义及几何意义，既在“横向”上体现了在时刻 t_k（$k=1, 2, \cdots, N$）处各系统之间的差异，又在“纵向”上体现了各系统总的分布情况。

第二，无论是对于“截面”数据，还是对于“时序立体数据”来说，其综合评价的结果都具有可比性，且没有丝毫的主观色彩。

4.2.3 评价步骤

第一，对数据进行量纲处理。由于各指标间量纲以及量级的不同，相互之间没有可比性，无法进行分析，因此我们首先对数据进行无量纲化处理，从而消除原始指标数据中不同单位间的影响。

本书采用极值处理法对数据进行预处理，公式为：$x_{ij}^{*}=\frac{x_{ij}-m_j}{M_j-m_j}$。

其中，$M_j=\max\{x_{ij}\}$，$m_j=\min\{x_{ij}\}$。

第二，将无量纲的数据 $\{x_{ij}(t_k)\}$ 代入公式 $H_K=A_K^TA_K$，$K=1996,\cdots,2016$，求出实对称矩阵。

第三，计算实对称矩阵 H_k 相对应的最大特征值及其所对应（经归一化处理）的特征向量，$H=\sum_{K=1996}^{2016}H_K$。

第四，计算 H 的最大特征值及其权重系数 w（w 为矩阵的最大特征值所对应的归一化后的特征向量）。

第五，将无量纲后的数据 $\{x_{ij}(t_k)\}$ 和 w 代入公式中计算出环境污染指数。

第六，对 y 值进行排序。

4.2.4 环境质量综合评价

环境污染指数是由各数值综合表示的环境污染程度，其指数越高，代表综合污染物排放量越多，环境质量越差。由表 4－3 我们可以发现，广西在 1996～1999 年排序为第三名，1997 年降为第四名，而在 2000～2010 年排名第二，这主要是由于 1999 年我国提出西部大开发战略，广西为了深入落实该战略，使其经济保持快速增长，在 2000 年《广西政府工作报告》中提出了巩固加强第一产业、调整提高第二产业、大力发展第三产业的政策。在“十一五”时期广西提出工业兴桂战略，强化工业占主导地位，因此，在2000～2010 年广西第二产业增加值达到46.98%。这一政策的实施给广西带来经济快速发展的同时也出现了能源消耗过大所产生的资源短缺和污染排放加剧，从而造成环境污染指数急剧上升。2009年12月，广西区政府发布了《关于实施质量兴桂战略的决定》（以下简称《决定》），该《决定》提出广西要从工业兴桂转变成质量兴桂，提高整体质量水平，加强质量基础工作，从而减少先污染后治理的错误思想给环境带来的压力。2009年和2010年《广西政府工作报告》中强调广西应推动第三产业发展，优化产业结构，着力推进工业园区污染排放建设，淘汰落后产能，发展清洁生产，对节能减排施行一票否决制和责任制。因此，2011年之后广西污染指数有所下降，排第五位，说明广西近年来环境状况已有所改善，但从污染指数来看，广西环境质量仍有较大的提升空间。

1996～2015年四川与青海污染指数一个位居第一，一个位居第八。甘肃与云南在此期间污染指数变动较小，陕西在1998～2011年有较大的浮动，但是在2012年又回到了第二的位置。重庆污染指数由1996年的第五名降为2016年的第八名。总的来说1996～2015年云南、贵州、甘肃三地排名上升，污染指数增加，环境质量问题加剧。广西与重庆两地环境质量有所改善，四川环境污染指数有所下降，但仍保持第一的位置，陕西环境质量在1998～2011年有所好转，但2012年环境质量又回到原点，在2016年8个省份的排名中陕西与青海波动幅度较大，分别从第二名转为第五名，第八名转为第三名。

表 4-3　1996~2017 年 8 个省份环境污染指数

地区	1996 年		1997 年		1998 年		1999 年		2000 年	
	污染指数	排名	污染指数	排名	污染指数	排名	污染指数	排名	污染指数	排名
广西	0.547	3	0.547	4	0.556	3	0.599	3	0.614	2
云南	0.385	6	0.409	6	0.417	6	0.454	6	0.391	6
贵州	0.494	5	0.525	5	0.700	2	0.697	2	0.544	3
四川	0.952	1	0.975	1	0.961	1	0.925	1	1.000	1
甘肃	0.370	7	0.370	7	0.310	7	0.314	7	0.285	7
重庆	0.515	4	0.551	3	0.497	4	0.587	4	0.452	5
陕西	0.608	2	0.601	2	0.493	5	0.562	5	0.472	4
青海	0.000	8	0.000	8	0.000	8	0.000	8	0.000	8

地区	2001 年		2002 年		2003 年		2004 年		2005 年	
	污染指数	排名	污染指数	排名	污染指数	排名	污染指数	排名	污染指数	排名
广西	0.620	2	0.617	2	0.689	2	0.692	2	0.704	2
云南	0.396	6	0.397	6	0.370	6	0.381	6	0.370	5
贵州	0.523	3	0.528	3	0.508	3	0.511	4	0.464	4
四川	1.000	1	1.000	1	1.000	1	0.995	1	0.971	1
甘肃	0.273	7	0.314	7	0.307	7	0.273	7	0.250	7
重庆	0.428	5	0.427	5	0.404	5	0.387	5	0.363	6
陕西	0.469	4	0.502	4	0.486	4	0.521	3	0.562	3
青海	0.000	8	0.000	8	0.000	8	0.000	8	0.000	8

地区	2006 年		2007 年		2008 年		2009 年		2010 年	
	污染指数	排名	污染指数	排名	污染指数	排名	污染指数	排名	污染指数	排名
广西	0.701	2	0.719	2	0.738	2	0.752	2	0.732	2
云南	0.417	5	0.407	5	0.420	5	0.437	5	0.363	5
贵州	0.567	3	0.544	4	0.488	4	0.486	4	0.466	4
四川	0.981	1	0.869	1	0.812	1	0.809	1	0.855	1
甘肃	0.256	7	0.224	7	0.220	7	0.214	7	0.242	7
重庆	0.365	6	0.337	6	0.317	6	0.314	6	0.287	6
陕西	0.560	4	0.592	3	0.570	3	0.524	3	0.534	3
青海	0.000	8	0.000	8	0.000	8	0.000	8	0.027	8

续表

地区	2011年		2012年		2013年		2014年		2015年		2016年	
	污染指数	排名	污染指数	排名	污染指数	排名	污染指数	排名	污染指数	排名	污染指数	排名
广西	0.522	5	0.537	4	0.373	5	0.448	5	0.532	5	0.353	6
云南	0.713	2	0.545	3	0.551	4	0.472	4	0.555	4	0.679	2
贵州	0.531	4	0.497	5	0.580	3	0.561	3	0.562	3	0.470	4
四川	0.848	1	0.786	1	0.851	1	0.885	1	0.908	1	0.761	1
甘肃	0.276	7	0.271	6	0.253	6	0.321	6	0.348	6	0.146	7
重庆	0.279	6	0.259	7	0.236	7	0.254	7	0.329	7	0.119	8
陕西	0.633	3	0.644	2	0.618	2	0.645	2	0.783	2	0.442	5
青海	0.123	8	0.146	8	0.144	8	0.165	8	0.216	8	0.532	3

本章运用“纵横向”拉开档次法对广西以及其他7个省份进行了综合排序，得出广西在2010年之前环境质量较差，近年来，由于人们认识到可持续发展的重要性，秉持节能减排、可持续发展的理念，广西环境有所好转。但随着经济的快速发展，环境污染与资源短缺仍是悬在广西头上的两把“利剑”。

第5章 经济可持续发展的分解

在2015年的《政府工作报告》中，李克强总理首次提出要“增加研发投入，提高全要素生产率”。2016年习总书记首次将有关于TFP的学术研究问题在工作文件中提出，并指出在推进供给侧结构性改革中我们应从增加要素投入，减少低效率或低端供给来提高TFP，至此，我国开启了依靠TFP增长对经济新常态起主要推动作用的创新发展阶段。近12年来，广西经济对以自然资源和物质资本投入为发展方式的依赖程度是否有所下降？全要素生产率和人力资本对经济增长的贡献程度是否在逐步提升？在“创新、协调、绿色、开放、共享”五大发展理念的引领下，广西经济如何实现可持续发展的美好愿景？由此，探寻广西经济增长的真正动力源泉便显得特别关键。本章基于索洛余量法，对广西经济增长进行全要素生产率、物质资本、人力资本、能源投入和环境损耗五个方面的分解，并对广西经济增长率波动的影响因素进行脉冲响应分析，以求能够更为全面地认识广西经济增长及增长率波动的动力源泉。

5.1　研究模型

在考虑劳动力数量与质量差别的基础上，本章将人力资本、能源消费与环境污染引入柯布—道格拉斯生产函数：

$$Y = AK^{\alpha}(HL)^{\beta}N^{\theta}P^{\varphi} \tag{5-1}$$

其中，Y 代表产出量，A 代表全要素生产率，K、HL、N、P 分别代表物质资本投入、劳动投入、能源和环境损耗；α、β、θ、φ 分别表示物质资本、劳动投入、能源和环境损耗的产出弹性。对式（5－1）取对数得：

$$\ln Y = \ln A + \alpha\ln K + \beta\ln(HL) + \theta\ln N + \varphi\ln P \tag{5-2}$$

对式（5－2）进行微分可得：

$$\frac{dY}{Y} = \frac{dA}{A} + \alpha\frac{dK}{K} + \beta\frac{d(HL)}{HL} + \theta\frac{dN}{N} + \varphi\frac{dP}{P} \tag{5-3}$$

用差分代替微分得：

$$\frac{\Delta Y}{Y} = \frac{\Delta A}{A} + \alpha\frac{\Delta K}{K} + \beta\frac{\Delta(HL)}{HL} + \theta\frac{\Delta N}{N} + \varphi\frac{\Delta P}{P} \tag{5-4}$$

即：$g_Y = g_A + \alpha g_K + \beta g_{HL} + \theta g_N + \varphi g_p$，经济含义为地区生产总值增长率为全要素生产率增长率和物质资本、人力资本、能源损耗、环境污染 4 个投入指标增长率的线性之和，因此，各投入要素对产出增长速度的贡献率分别为：$\alpha\frac{g_K}{g_Y}$、$\beta\frac{g_{HL}}{g_Y}$、$\theta\frac{g_N}{g_Y}$、$\varphi\frac{g_P}{g_Y}$，全要素生产率对产出增长速度的贡献率为：

$$\frac{g_A}{g_Y} = 1 - \alpha\frac{g_K}{g_Y} - \beta\frac{g_{HL}}{g_Y} - \theta\frac{g_N}{g_Y} - \varphi\frac{g_p}{g_Y} \tag{5-5}$$

5.2 数据来源

本章研究时间为 1996 ~ 2016 年，选取合意产出、物质资本投入、人力资本投入、生态损耗（包括能源投入与环境污染）作为模型中的量，各指标数据来源于《广西统计年鉴》《中国统计年鉴》《中国人口与就业统计年鉴》《中国环境年鉴》《中国能源统计年鉴》和中国自然资源数据库。

5.2.1 合意产出

本章以 1978 年为基期计算广西 1996 ~ 2016 年的实际地区生产总值状况，从而测算出广西区域生产产品和劳务价值，进而衡量经济总体情况。

5.2.2 物质资本投入

由于中国没有资本的直接统计数据，因此，相关研究均进行估算。物质资本存量的常用测度方法为 Goldsmith 在 1951 年开创的“永续盘存法”。其基本估计公式为：

$$K_t = I_t + (1 - \delta_t) K_{t-1} \tag{5-6}$$

式中，K_t表示 t 年的资本存量；K_{t-1}表示 t - 1 年的资本存量；δ_t表示 t 期资本折旧率，I_t表示 t 期净投资。

在该公式中，主要涉及折旧率的选择、基年资本存量的确定、投资流量指标的选择和用于折算不变价格的投资价格指数的构造四个方面。选择固定资本形成总额作为当年投资流量。由于中国在

1991年之前没有公布固定资本投资价格指数，因此，在对当年投资流量进行处理时，相关研究均自行构造或寻找相应的指数来平减当年投资额。本章对投资价格指数进行处理，即根据《中国国内生产总值核算历史资料（1952－2004）》提供的固定资本形成总额价格指数推出以1978年为基期的1981～1991年的投资隐含平减指数，与《广西统计年鉴》公布的1992～2014年的固定资产投资价格指数一起作为处理当年投资流量的投资价格指数。基年资本存量K的估计方法沿用以基年的固定资本形成总额除以10%作为初始资本存量。折旧率采取张军的数值9.6%。

5.2.3 人力资本投入

人力资本是劳动者通过教育、培训、实践等方面投资而获取的知识和技能的积累。现阶段对于人力资本的测算主要有三种方法：分别从成本、收入、投入三个角度来测量。但以上方法都具有一定的缺陷。第一种由于没有明确统一的要素投入，导致计算出的成本与劳动生产率不一致。第二种由于数据来自调查报告，分类口径较多，对于中国这样的发展中国家来说，较难获得完整的统计数据，缺失数据需要研究者通过插值法等相关技术来进行估算，因此，在计算中会导致人力资本的测算不够精确。第三种主要以受教育年限法，也是目前学者采用最多的人力资本测算方法。引入Lucas提出的人力资本取决于教育程度的有效劳动力概念，将资本存量看作是受教育的劳动总量与受教育年限的乘积，计算中没有把未受过教育的劳动力计入计算中，有一定的缺陷，不能完全解析人力资本对经济增长的重要作用。因此，本书采用就业人数与平均受教育年限的乘积表示人力资本投入。相关计算公式如下：

总人力资本存量 = 从业人员数量 × 平均受教育年限　　(5 - 7)

$$H = \frac{\sum P_i h_i}{P} \tag{5-8}$$

式中，H 表式平均受教育年限；i 表示第 i 类教育层次，本书将该指标分为从未接受过教育、小学、初中、高中（普通与中等职业教育）、大专及以上的人；P_i 表示第 i 层次受教育程度人口数；h_i 表示第 i 层次教育水平所赋予的受教育年限；P 表示人口总数。

本章将研究设定为 6 岁及以上人口的平均受教育年限，并赋予未上过学、小学、初中、高中、大专及以上受教育年限分别为 2 年、6 年、9 年、12 年、16 年。即：

平均受教育年限 = 未上学人口占总人口比重 ×2 年 + 小学教育水平人口比重 ×6 年 + 初中教育水平人口比重 ×9 + 高中教育水平人口比重 ×12 年 + 大专及以上教育水平人口比重 ×16 年

5.2.4 生态损耗

在本书中，我们将生态损耗分为能源消耗总量和环境损耗两部分。能源消耗总量是指一个地区在一定时间内用于生产、生活等方面所消耗的各类能源总和。由于各类能源消耗的异质性，我们将能源投入（包括煤炭、石油、天然气、水电等）统一折算为万吨标准煤的能源消费量。为全面评价环境污染，本书选取 SO_2 排放量、CO_2 排放量、固体废弃物排放量、烟（粉）尘排放量、废水排放量、生活垃圾清运量、化肥施用量等与生活及工业相关的污染排放物作为计算环境污染指数的影响因素，运用改进的纵横向拉开档次法计算出的环境污染指数。

5.3 广西经济可持续发展分解

5.3.1 建立长期均衡模型

5.3.1.1 平稳性检验

在进行平稳性检验之前首先对各变量进行处理，分别取对数lnY、lnP、lnN、lnK、lnHL来进行后续测量，这样既可以消除异方差性也不会改变原来变量间的协整与因果关系。为避免出现伪回归现象，本章采用ADF法对五个变量的时间序列进行平稳性检验，得出lnY、lnP、lnN、lnK、lnHL在5%的显著水平下都是二阶单整，满足协整检验分析的前提条件，由此可做协整检验。本章采用Johansen的极大似然估计法进行协整检验，判断其是否存在长期均衡关系。协整检验结果如表5-1所示。

表5-1 协整检验结果

零假设：协整向量数	特征值	迹统计量	5%临界值	p值
无*	0.997104	212.1661	69.81889	0.0000
至多一个*	0.911988	101.1241	47.85613	0.0000
至多两个*	0.812050	54.94879	29.79707	0.0000
至多三个*	0.613188	23.18878	15.49471	0.0029
至多四个*	0.237112	5.142246	3.841466	0.0233

注：*表示在5%的显著水平下拒绝原假设。

通过Johansen协整检验可得四个变量存在长期并稳定的正协整关系，建立环境污染、能源消耗、物质资本、人力资本和经济增长的长期均衡模型（括号内为 t 值）：

$$\ln Y = \underset{(-2.80)}{-10.07} + \underset{(2.45)}{0.22}\ln P + \underset{(4.15)}{0.45}\ln N + \underset{(6.76)}{0.41}\ln K + \underset{3.26}{1.19}\ln HL \tag{5-9}$$

其中，$R^2=0.997$、$F=1224.21$、D. W $=2.22$。可以看出在1996～2016 年，广西经济变化的 99.7% 可由 K、HL、N、P 四个变量的变化来表示，且各要素的投入都会对经济增长起促进作用。环境消耗的弹性系数为 0.22，说明在其他要素保持不变的情况下，对环境损耗增加 1%，经济平均增长 0.22%；能源消耗的弹性系数为 0.45，说明在其他要素保持不变的情况下，对能源消耗增加 1%，经济平均增长 0.45%；物资资本的弹性系数为 0.41，说明在其他要素保持不变的情况下，对物质资本增加 1%，经济平均增长 0.41%；人力资本的弹性系数为 1.19，说明在其他要素保持不变的情况下，对人力资本增加 1%，经济平均增长 1.19%。

5.3.1.2　VAR 模型与脉冲响应分析

由前述分析可知，序列都是平稳序列，可以建立向量自回归模型，取滞后阶数为 2，所得结果如下：

$$\begin{pmatrix} \Delta\ln Y \\ \Delta\ln P \\ \Delta\ln N \\ \Delta\ln K \\ \Delta\ln HL \end{pmatrix} = \begin{pmatrix} -0.11 \\ -5.29 \\ 9.47 \\ 4.92 \\ 16.92 \end{pmatrix} + \begin{pmatrix} 0.488 & -0.065 & 0.203 & 0.015 & -0.138 \\ 2.674 & -0.912 & 1.057 & -1.847 & -1.120 \\ -0.450 & -0.227 & 1.276 & 0.045 & -1.060 \\ -0.958 & -0.051 & 0.077 & 1.858 & -0.276 \\ -0.167 & -0.019 & -0.261 & 0.307 & -0.208 \end{pmatrix}$$

$$\begin{pmatrix} \Delta\ln Y \\ \Delta\ln P \\ \Delta\ln N \\ \Delta\ln K \\ \Delta\ln HL \end{pmatrix}_{t-1} + \begin{pmatrix} 0.647 & -0.065 & -0.083 & -0.234 & 0.036 \\ 0.749 & -0.396 & -1.396 & -0.164 & 0.076 \\ 2.125 & -0.377 & -0.863 & -0.945 & -0.267 \\ 1.306 & -0.074 & -0.005 & -1.194 & -0.396 \\ 0.771 & 0.062 & -0.059 & -0.553 & -0.535 \end{pmatrix} \begin{pmatrix} \Delta\ln Y \\ \Delta\ln P \\ \Delta\ln N \\ \Delta\ln K \\ \Delta\ln HL \end{pmatrix}_{t-2} \tag{5-10}$$

模型五个方程的 R^2 都在 0.99 左右，且所有根模都在单位圆内，说明模型拟合度较高，模型稳定。在分析 VAR 模型时，往往不分析一个变量的变化对另一个变量的影响，而是分析当一个误差项变化时，即模型受到冲击时对整个模型系统的影响，因此本书接下来进行脉冲响应分析。图 5-1 至图 5-5 描述了当系统内生变量受到一个标准差信息的冲击时，各个变量的响应情况。横轴表示冲击的滞后时间（本书选为 10 年），纵轴表示内生变量的响应程度。

在图 5-1 中，在当期给地区生产总值一个标准差扰动冲击之后，地区生产总值在第 2 期迅速下降至 0.004，第 2 期之后脉冲响应开始上升，于第 7 期达到了冲击的最大值，说明广西地区生产总值受到的冲击对自身的影响在一定时期内可以保持稳定增长。环境污染的正冲击给地区生产总值带来正面的影响，并在第 9 期达到最大，说明增加环境污染会对未来地区生产总值的增加产生正向影响。随着改革开放的发展，广西经济迅速发展，生产总值在不断升高的同时也带来了环境的污染，归根结底环境污染主要来源于工业的发展壮大，第二产业产值的快速增加。根据近几年来《广西环境状况公报》的数据显示，广西工业“废水、废气、废渣”的排放量在逐年增加，这也符合当下我国经济发展趋势。在图中地区生产总值 1~4 期的响应小于 5~10 期的响应，说明在同等污染的情况下，经济增长要比原来更快，这可能是由于技术进步或大量使用清洁能源所导致的。对能源消耗施加一个正的冲击时，当期没有立刻做出反应，而在第 2 期达到最大正向响应 0.003 时，从第 3 期之后开始稳定增长，第 8 期开始逐渐下降，说明前期能源的投入对拉动广西经济的发展作用较大，但在第 8 期之后这种作用会减弱，未来能源在经济发展中只是起到促进作用，但不是广西经济主要的发展动力源。当给物质资本一个正冲击后，在短期内会对产业生产总值有正向促进作用，但从长期来看，即第3期之后，对物质资本的外生冲击会抑制经济的增长。根据物质资本投入收益率规模递减的性质来看，短期的物质资本投入可以促进经济增长即人均收入的提高增加了储蓄，但是当物质资本的投入超过某一水平时继续增加就会阻碍经济发展，因此，未来广西在发展经济时要注意物质资本的投入量问题。给予人力资本一个标准差扰动之后，在第2～5期对生产总值有负面影响，在第6期之后开始反向逐渐上升并保持在一个较低的水平。

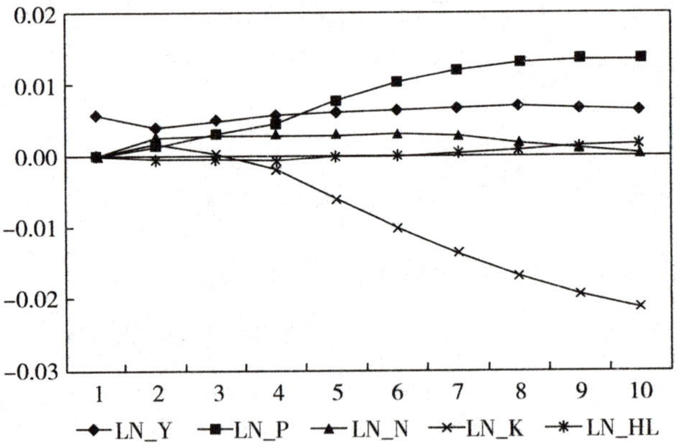

图5-1 对一个标准差新息的响应

在图5-2中，当给环境水平施加冲击时，环境水平当期出现较大的正响应，并在第2期转为负向，之后波动幅度减弱并趋于稳定。当给地区生产总值一个正的冲击时，在第一期对环境水平波动有最大负的影响，在第2期反向上升为正的影响，然后开始逐渐减弱，其影响于第9期之后接近于0，说明广西前期的经济增长秉承着先污染后治理的理念，从而使环境污染加剧，但后来随着政府相关政策的执行，在发展经济的同时也着重加强相关污染物排放的治理工作，从而给环境减负。对于能源消耗的冲击，环境水平当期反应为 0，在第 2 期达到最大值，在第 3 期及第 5 期之后一直是负效应变动，与我们所想的能源消耗的增加会加强环境污染相反，其主要原因有两方面，一方面，近些年来国家提倡使用清洁能源，造成较少能源使用可以达到原来的效用并减少污染。另一方面，从《广西统计年鉴》中可以发现石油与天然气的消费量占比逐年增加，消费速度大于煤炭，虽然没有超过煤炭的使用量，但与之前相比有很大提升。当期给物质资本一个正的冲击，发现环境损耗在这滞后 10 期内都是负的影响，并在第 4 期达到最低点 -0.051，说明物质资本的过多投入会使环境污染加剧，对于未来的经济发展有其阻碍作用。对人力资本施加一个正的冲击时，当期并没有产生反应，在第 2 期降至最低点 -0.004，之后反向上升，但上升幅度较小，说明人力资本的增加对于环境污染没有太大影响。

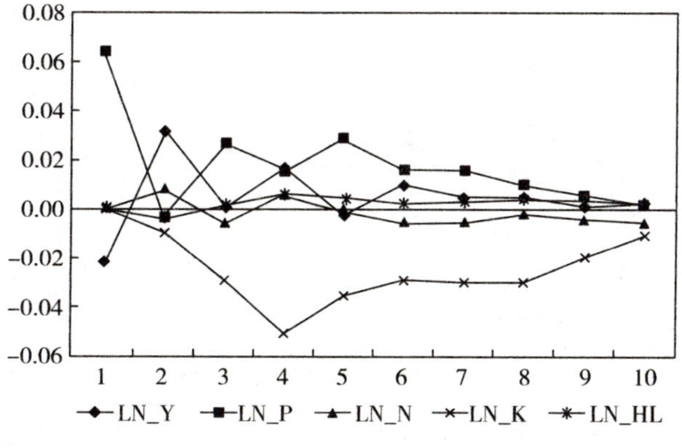

图 5-2　对一个标准差新息的响应

在图5-3中，当给地区生产总值施加冲击时，能源消耗在当期出现负响应为-0.001，在第3期达到正向最大值，在第3期之后响应逐渐下降，并在第7~10期响应变动幅度较小，在一个较小的范围内波动。说明短期内地区生产总值的增长会伴随着大量能源消耗的使用，但在后期的同等经济增长条件下能源消耗会减少，这可能是未来广西能源利用效率的提升所致。当环境损耗受到冲击时，能源消耗在当期出现最大的正响应为0.024，在第3期降到最小值0.006，之后在4~6期继续上升，第6期之后开始下降，说明广西未来大量使用清洁能源。当给能源消耗施一个正冲击后，当期出现较大的正向反应，之后开始下降，并在第7期达到最小值-0.002。当给物资资本施加冲击时，当期响应为0，在第2期对能源波动就有最大的正影响，之后影响迅速下降并在第5期达到最小值-0.027，随后影响有所上升，但仍为负值。当给人力资本一个正向冲击后，能源在前4期为负的响应，在第5期开始转为正的响应，之后响应波动幅度较小。

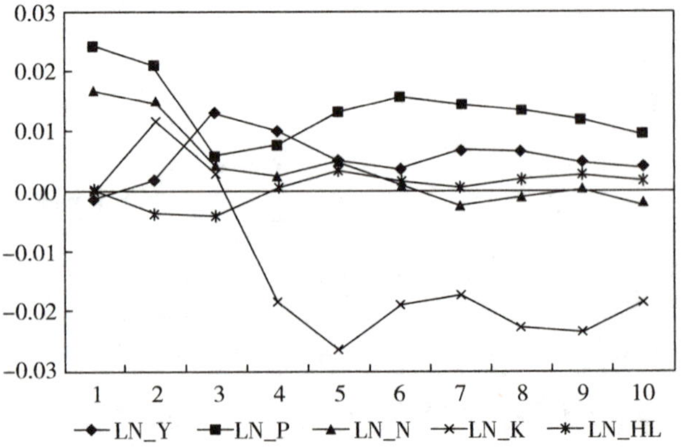

图5-3　对一个标准差新息的响应

在图5-4中，当给物质资本施加冲击时，物质资本在当期即产生正向影响，在第4个滞后期达到最大值0.036，第4期之后开始迅速下降并在第9期出现负响应。地区生产总值受到外部冲击时，在第2期出现负响应，在之后的滞后期内转为正响应并逐渐上升，说明未来物质资本是拉动广西经济增长的主要动力。在当期给污染水平一个标准差扰动冲击之后，物资资本在1~6期内有负的响应，并在第3期达到最低值-0.028，在第4个滞后期后响应急剧增长，并在第7期转为正，广西前期经济物质资本投入带来的环境污染是在生态环境能够自我调节的范围内，但随着投入的增加，超出环境自我调节范围，造成环境污染加剧。给予能源消耗一个正向冲击，可以发现在整个之后期内都具有正向影响。人力资本在受到冲击后，当期并没有做出响应，在2~9期为负响应。

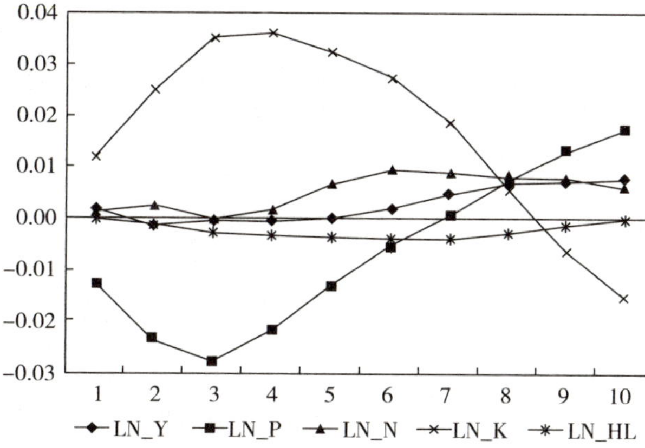

图5-4 对一个标准差新息的响应

在图5-5中，当给物质资本施加冲击时，人力资本在当期有较大的负响应为-0.0107，第2期转为最大正响应，在整个滞后期内呈现一个倒"U"形和"W"形的形态。在当期给地区生产总值一个标准差扰动冲击之后，人力资本在第1期、第5期和第9期为负响应，其余为正响应且波动幅度较小，说明人力资本的投入对于未来广西的经济增长起拉动作用，但作用较小，而出现的短期负响应有可能是由于为了提高劳动者的整体素质进而增加了他们的受教育和培训时间，从而使劳动者的工作时间相应减少所致。当给环境损耗施加冲击时，人力资本在第1期为负响应，并在第2期达到最小值-0.0103，之后响应开始大幅度上升在第6期后波动幅度逐渐减弱。当给能源消耗施加冲击时，当期出现较大的正响应为0.0062，在第3期达到最小负响应，随后又开始迅速上升，在整个滞后期内波动幅度较大。当期人力资本受到外部冲击时，人力资本在当期影响达到最大，随后影响波动幅度逐渐减小，并在第10期趋近于0。

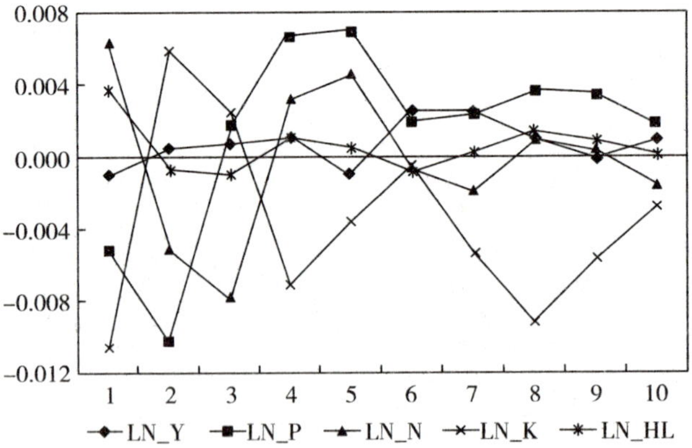

图5-5 对一个标准差新息的响应

5.3.2 经济增长分解

将广西经济增长源泉分解为传统要素投入（包括物质资本和人力资本）、能源消耗、环境损耗以及全要素生产率，并根据前文所建立的长期均衡模型中的各增长源泉的弹性系数，可以求得广西经济增长率及其源泉分解，如表 5－2 所示。

表 5－2　广西经济增长率及其源泉分解

年份	产出增长率	全要素生产率	环境污染	能源消耗	物质资本	人力资本
1996～1997	8.05	10.38	－0.76	0.52	－2.89	0.80
1997～1998	10.01	－15.34	21.42	1.74	－2.62	4.81
1998～1999	7.99	11.28	－4.42	1.02	－2.33	2.44
1999～2000	7.90	－11.68	9.38	0.27	－2.15	12.08
2000～2001	8.30	4.25	0.75	3.86	－1.91	1.35
2001～2002	10.59	7.29	2.22	1.29	－1.51	1.30
2002～2003	10.20	－6.89	8.87	6.63	－1.02	2.61
2003～2004	11.79	－7.98	3.38	11.67	－0.20	4.92
2004～2005	13.25	5.82	2.72	5.85	0.89	－2.02
2005～2006	13.60	0.76	0.29	4.82	2.07	5.66
2006～2007	15.30	－1.70	4.80	5.07	3.25	3.89
2007～2008	12.90	2.74	1.36	3.75	4.26	0.78
2008～2009	14.00	－0.34	－0.08	4.00	7.22	3.19
2009～2010	14.30	－6.67	0.98	5.37	9.01	5.61
2010～2011	12.30	－0.80	－0.71	3.82	8.58	1.41
2011～2012	11.30	5.76	1.42	2.95	7.20	－6.03
2012～2013	10.20	0.52	0.47	3.01	4.79	1.41
2013～2014	8.50	1.45	－0.25	2.05	4.34	0.91
2014～2015	8.10	0.24	－0.22	1.16	4.22	2.71
2015～2016	7.30	－0.02	0.30	1.53	4.22	1.27
平均值	10.79	－0.06	2.60	3.52	2.27	2.46

从表 5－2 可以看出，不同的年份中各要素对经济增长贡献的动

态变化也各不相同。1996~2016年，大量的能源投入是拉动广西经济增长的主要动力，其贡献度达到32.62%；环境污染对经济增长的贡献率达到24.1%；人力资本和物质资本对经济增长的贡献度分别为22.8%和21.04%。从各动力源泉对经济增长的贡献度来看，广西近20年来经济增长主要依靠能源投入，环境也为经济的快速发展付出了一定代价，经济发展模式依旧是粗放的和不可持续的。在本书中，全要素生产率相关的经济增长率较低，为-0.06%，表明广西在今后相当长的一段时期内要继续吸收外国先进技术，提高企业自主创新能力和先进技术的利用效率，通过这些途径提升广西的全要素生产率，使全要素生产率转变为经济增长的主要源泉才是未来经济可持续发展的主要模式。通过分阶段研究不同时期广西经济增长动力出现的动态交替演变特征，从而能够更好地了解到广西每一时期的发展状况，因此，本章将广西1996~2016年的数据分为三个时间段进行进一步动态分析研究。

第一，1996~2001年。1996年经济增长速度为8.05%，1997年经济增长率突然上升为10.01%，接下来增长速度开始降低。在这5年时间里与全要素生产率相关的经济增长率为-1.11%，与环境相关的经济增长率为26.37%，与能源消耗、物质资本、人力资源相关的经济增长率分别为7.39%、-11.9%、21.48%。从上述分析可以得出1996~2001年推动广西经济增长的主要动力是环境污染，人力资本和能源消耗也发挥了很大作用，但是这种以环境损耗来发展的方式是粗放的、不可持续的。

第二，2002~2008年。在本期间内属于广西经济的上升黄金期，经济平均增长率为12.52%，能源消耗转换为带动广西经济增长的主要动力，其贡献度达到44.6%。与人力资本相关的经济增长率有所下降，物质资本的作用显著提升，环境污染对经济增长的贡献降低至年均3.38%，说明广西经济高速增长的同时带来了环境的损耗。与全要素生产率相关的年均经济增长率为0.006%，与1996~2001年相比有所提升。从整体上来看广西产业结构不断优化，第一产业与第三产业增加值有所下降，第二产业增加值在逐渐上升。全社会固定资产投资由2002年的834.99亿元增加到2007年的2970.08亿元，五年累计完成投资10062.88亿元，年均增长29.08%，是广西当前固定资产投资最多的时期。投资结构进一步优化，生产性投资增加。资本形成总额为拉动经济稳定快速增长的主要动力。此外，2008年经济增速下降以及其他指标对于经济增长贡献下降的原因主要是受到金融危机的影响所致。2002~2007年广西经济增速的提高也与当时政府提出的各种政策相关。在2003年的《政府工作报告》中进一步指出，在这一时期，广西要全面贯彻党的十六大精神和自治区党委的总体部署，加快富民兴桂新跨越步伐，全面建设小康社会，加强基础设施、产业开发和社会发展项目建设，努力扩大投资规模。

第三，2009~2016年。2009~2010年属于金融危机带来的短暂回调，经济增长率在短时间内上升后迅速下降。2011~2016年经济增长率逐渐下降，从2010年的12.3%下降到2016年的7.3%，年均增长率为9.62%，原因可以分为两方面：一方面是后金融危机时代带来的经济增速回落，另一方面是当前我国经济进入了新常态，经济增长受宏观经济发展影响所致，在此期间物质资本是拉动经济增长的重要马车。这段时间内与人力资本相关的经济增速较低，仅为0.28%，说明广西的人力资源潜力还未充分释放，未来应加强科技教育，实施“双千计划”“强基创优”等计划。对于这一时期的环境污染贡献份额呈下降趋势，这说明不仅环境污染排放减少，而且广西经济对于资源环境的依赖在逐步减弱。这是由于“十一五”规划中约束性污染指标的设置，使政府主动调控更加有效，更为重要的是，政府逐渐认识到资源环境的重要性，更加强调环境污染治理，以弥补以前的“生态成本”，带动了一批环保、治污等绿色产业的发展。

从整体来看，广西经济发展的主要动力首先是能源消耗，其次是物质资本，最后是全要素生产率。由此可见，广西的经济发展方式依然是粗放的、不可持续的。

第6章 基于综合指标分析广西工业结构特征

随着工业时期的到来与发展，不同国家的学者都对本国的工业产业结构进行了深入分析，从而发现工业产值主要受该国的经济与贸易地位影响，如果一个国家经济增长较稳定，加之贸易出口量较大时，该国的工业产值就会大幅度提升。日本是高度的工业化国家，其工业产值占据GDP的大部分，这也是它们能够改变国际贸易条件的基础，然而，作为高度工业化的美国由于近年来提倡第三产业的发展，使得第二产业的需求产值下降。不过我们可以从上述两个国家中发现它们的经济鼎盛时期都是由于工业产值的快速增长带来的结构性改变，当前德国与韩国的发展也不例外。

纵观世界各国的经济发展都经历了一个工业化阶段，从某种程度上来讲工业化的提升可以带动整个地区的科技水平、教育水平、收入水平、劳动水平等，从而为第一产业、第二产业的持续发展提供不懈的动力源泉。在深入探究各国的工业化发展历程中发现，每一个国家都经历了四个工业发展时期，由低到高，逐步升级，从一开始的集中于农产品的轻工业发展转变到制造工业的重工业发展，当重工业的发展逐渐走上正轨，日益攀升时就会形成高度加工化，劳动力就业结构随之发生变化，从劳动密集型转为具有高技术含量的企业，这样对于员工的素质要求就有所提高，最后转变为倾向于技术集约化的发展。工业结构的演进反映了生产力以生理需求技术进步的发展变化规律，在早期，人类由于缺少粮食而经常闹饥荒，发展农业补充粮仓是发展的重中之重，人们出行需要衣物遮体，因此纺织工业开始逐步崛起。随着人们的生理需求得到满足后，开始转变为享受生活，例如怎么才能保证出行加快，怎样才能保证自己的安全，怎样才能享受到更好的娱乐体验，于是汽车家电国防建筑物等开始发展起来。为了满足人类的更好需求，原来的刀耕火种生产方式开始变得行不通，近年来，大量的能源开采业、新燃料开发业都是带动经济进一步发展的基础工业，而工业作为经济发展的基石，在国民经济中占主体地位，是技术创新的载体，也是增强国家或地区综合竞争力的基础。工业竞争力的强弱，在很大程度上影响着国家或地区经济跨越式发展的实现。而工业结构优化是各个国家根据自身产业环境特点等进行相应的调整，从而使工业结构适应当前环境。此外，科技的高速发展带来的新技术进步都是工业化进程中必不可少的辅助性工具。根据历史的演进可知，未来集中于以资本密集型为中心的高新技术产业发展是内在的必然性。

在资源与环境生态约束下，在保持其经济可持续增长的前提下形成稳中有进，达到社会水平和人民生活水平质量提高是当下广西工业发展亟待思考和解决的问题。本章对广西的总体工业发展情况以及内部工业结构进行了深入的剖析，得出了广西由于其区位与资源优势使其工业的发展具有很大优势，但考虑到物力、财力和技术资源的有限性，广西在工业发展中应采取“倾斜—协调”式的发展战略模式，主攻具有突出优势、关联度高、效益好、前景好的行业发展，在一定的平衡层次上通过非平衡的发展求得更高层次上的地区工业合理结构，让有限的资源在经济中发挥最大的效率，从而推动整个行业与区域的发展。通过上述的发展模式可以实现工业强省的目标，完成习近平总书记为广西提出的追赶超越的目标和期许。

6.1　广西工业发展概况

工业化水平常常代表着一个国家的经济发展状况，它同时也是产业转型升级的主战场。从国外的发展史来看，一个国家工业化进程的发展往往伴随着向“重工业化”“高加工度化”“高技术化”的转变。广西在“十一五”时期完成了工业化由初级向中级的跨越式转变，“十二五”时期，广西加快推进工业化发展，工业总量逐步扩大，发展效益稳步提升。然而广西的发展与全国水平仍有较大差距，并且存在着工业规模不够大、结构不优、创新能力不足、资源约束趋紧、基础薄弱等问题。

6.1.1　工业经济实力不断增强

企业是技术创新的先锋，而规模以上工业企业在经济中的地位尤为重要，工业经济作为广西经济增长的主要驱动力，在拉动国民经济持续、快速、稳定增长中发挥了重要作用。从近几年全区规模以上工业增加值来看，广西工业生产总体增长，但增速呈回落趋势。2007～2016 年全区规模以上工业增加值增速从 26.5% 下降到 7.5%，2017 年全区规模以上工业实现增加值 6542.86 亿元，高于全国平均水平1.5个百分点。数据表明，广西工业经济总体增长的基本状况没有改变，但下行压力逐渐加大的局面也一直存在，工业经济已经步入平缓中速增长的新常态，如图6－1所示。

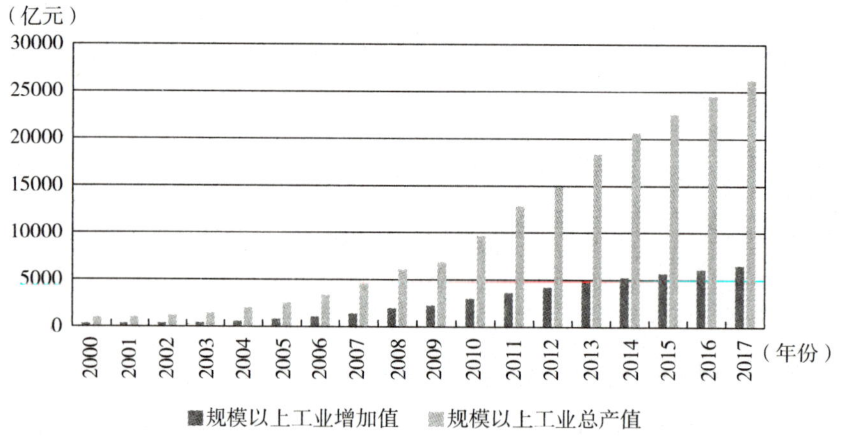

图6－1　2000～2017年工业增加值与工业总产值

6.1.2　支柱产业优势明显

工业作为财政收入与科技创新的主要来源与参与者，对一个国家的经济增长起到了不可忽视的作用。它犹如一个庞大的综合系统需要各方面的协调与配合，如果说将工业看作一棵大树，那么支柱产业就是这棵大树的主干，它的发展就是其苍翠挺拔的根本所在。从我国发展较快的区域来看，支柱产业的选择与高质量发展对地区经济增长的奉献作用不可忽视，但从前文的分析中可知工业在广西的经济发展中并不是强项，对经济增长的推动作用具有局限性，2013年之后，形成了二三产业占比趋同发展的局面，因此，广西的工业及龙头企业的选择与发展成为了当下的关键。根据广西独特的环境与地理位置，“九五”期间政府提出了将蔗糖加工业、以铝和锡为主的有色金属业、汽车等机械制造业以及建材工业作为全区国民经济的支柱产业来发展。“十五”期间广西提出将水电业与有色金属业、天然气开发利用业、林纸结合业、食品工业、旅游业、地方特色医药产业和信息网络产业培育并发展成为支柱产业。在2010年《广西政府报告》中指出，广西还将基本建成12个千亿元产业，包括食品、汽车、石化、电力、有色金属、冶金、机械、建材、造纸与木材加工、电子信息、医药制造、纺织服装与皮革。广西作为稀土资源丰富以及没有进行大规模开发的省区之一，抓住了稀土资源对于新能源、机器人等新兴产业发展的重要支撑这一机遇，提出将其作为新兴支柱产业的方针。从近几年的支柱产业培育方针来看，体现了广西推动经济全方位发展的理念，广西的龙头产业源于当前经济社会发展所需，既有传统类型的，也有技术密集型的，形成传统型产业为主，技术密集型产业为辅的特色。由于支柱产业资源是基于当地得天独厚的区位与市场优势（例如：有色金属的发展就是依靠广西蕴藏的丰富矿资源），在未来一段时间内对产业的发展与竞争都提供了一个良好的基础，也难以在短时期被国外产业所取代。因此，这一时期内广西应抓住这个空隙，政府在产业发展中应做好引导者的角色，对其实施“扶、引、育”的培育措施，对那些已经形成规模的支柱企业进行开放式的发展，加强其与国内外相关产业领域的合作，吸引优秀与先进的发展技术与理念，对于小型具有竞争优势和关联度高的新兴企业政府可以给予政策帮扶，促进产业集聚形成集聚区，通过知识溢出效应，降低各项成本，达到技术共享，共同发展的局面，最后形成支柱产业柱天踏地，中小企业铺天盖地的产业丛林。

6.2 广西工业结构演进

6.2.1 广西工业产业结构

通过行业结构可以探析一个国家和地区整个产业发展状况，本书依据《广西统计年鉴》中的分类方式，将工业分为35个部门，通过计算各行业占总产值的比例来进一步剖析广西工业行业部门内部结构状况。依据钱纳里等对工业的分类标准可以发现，广西大部分行业属于初期和中期产业，在这5年间，黑色金属、电力等高耗能产业在前十名就占了一半的比例，可以看出当前广西仍然以传统的高消耗产业为主，这种能源投入性较高行业的出现主要源于广西独特的地理位置所富含较高的稀有矿产资源禀赋所致，但是这种行业却具备了高污染排放的特点。2013～2017年，广西千亿元工业行业由最初的4个增加到9个，2017年，农副食品加工业、非金属矿物制品业、黑色金属冶炼及压延加工业、交通设备运输制造业产值超过2000亿元，这4个行业创造了全区工业总产值的38.3%。工业总产值达到1000亿元以上的行业有农副食品加工业、木材加工制品业、化学原料及化学制品制造业、非金属矿物制品业、黑色金属冶炼及压延加工业、有色金属冶炼及压延加工业、汽车制造业、计算机通信设备制造业、电力热力的生产和供应业，这9个行业创造了全区工业总产值的67.57%。在这5年中产值占比下降波动幅度较大的行业主要有石油加工业（4.75%～3.40%）、黑色金属冶炼和压延加工业（12.17%～9.61%）、电力热力生产和供应业（6.67%～4.24%）等加工行业，产值占比上升幅度较大的行业有木材加工制造业（3.65%～5.56%）、有色金属冶炼和压延加工业（5.54%～7.52%）、计算机及通信设备制造业（4%～7.13%），如表6－1所示。这表明，近年来广西的高新技术产业有所提升和发展，传统污染型行业有所控制。整体来看，广西高新技术产业发展速度相对滞后，技术集约型行业占比较少，工业生产主力军大部分倚重于交通运输设备制造业、黑色金属冶炼和压延加工业、农副食品加工业等资源依赖型和劳动密集型行业。由于广西地处西部，发展较晚与同地区相似的工业发展相比技术水平较低，这种主攻产业链上游与价值链低端的策略往往在市场中会表现出竞争力不强的现象，当这些行业出现危机时就会引发广西整个工业行业的发展，因此，广西未来的发展应该进行多元化，不能把鸡蛋放在一个篮子中，加速创新机制，结合“互联网＋”等新政策保证环保等绿色产业，提升行业结构不断优化升级，促进广西整个工业竞争力的提升，进一步带动工业产业的结构转化，使其向前发展。同时对于广西经济增长做出较大贡献的行业均属于污染密集型，清洁行业的产值贡献度较小，因此多元化创新发展势在必行。

表6－1 广西工业产业总产值内部结构 单位：%

年份 工业产业	2013	2014	2015	2016	2017
煤炭开采和洗选业	0.21	0.22	0.23	0.24	0.24
石油和天然气开采业	0.11	0.12	0.04	0.04	0.04
黑色金属矿采选业	1.03	1.12	0.89	0.85	0.87

续表

年份 工业产业	2013	2014	2015	2016	2017
有色金属矿采选业	1.74	1.41	1.46	1.09	0.96
非金属矿采选业	0.97	1.07	1.09	1.15	1.19
农副食品加工业	11.16	10.82	10.40	10.36	10.23
食品制造业	1.54	1.64	1.72	1.85	1.51
饮料制造业	2.31	2.20	2.39	2.42	2.00
烟草制品业	1.05	1.04	0.99	0.83	0.79
纺织业	1.19	1.21	1.23	1.14	1.15
纺织服装、服饰业	0.56	0.60	0.61	0.64	0.75
皮革、毛皮和制鞋业	0.67	0.60	0.59	0.53	0.52
木材加工制造业	3.65	4.09	4.62	5.04	5.56
家具制造业	0.63	0.50	0.53	0.52	0.42
造纸及纸制品业	2.11	1.85	1.70	1.59	1.55
印刷和记录媒介复制	0.56	0.53	0.54	0.50	0.49
文教和娱乐用品制造业	0.46	0.63	0.57	0.56	0.62
石油加工业	4.75	4.14	2.99	2.65	3.40
化学原料及化学制品制造业	5.11	4.96	5.35	5.21	4.82
医药制造业	1.84	1.86	1.94	1.94	1.75
化学纤维制造业	0.003	0.001	0.004	0.004	0.001
橡胶和塑料制品业	1.39	1.45	1.55	1.51	1.45
非金属矿物制品业	6.94	7.22	7.54	7.67	7.68
黑色金属冶炼和压延加工业	12.17	11.87	10.84	10.90	9.61
有色金属冶炼和压延加工业	5.54	5.79	5.60	5.94	7.52
金属制品业	1.55	1.63	1.88	1.89	2.08
通用设备制造业	1.70	1.57	1.50	1.48	1.72
专用设备制造业	2.50	2.55	2.33	2.22	2.16
交通运输设备制造业	10.40	10.44	10.87	10.99	10.78

续表

年份 工业产业	2013	2014	2015	2016	2017
电气机械和器材制造业	3.52	3.69	4.00	4.14	3.41
计算机及通信设备制造业	4.00	4.68	5.73	6.46	7.13
仪器仪表制造业	0.19	0.21	0.23	0.27	0.2
电力、热力生产和供应业	6.67	6.18	5.52	4.79	4.24
燃气生产和供应业	0.12	0.18	0.19	0.21	0.27
水的生产和供应业	0.13	0.13	0.13	0.13	0.14

6.2.2 广西轻重工业结构

霍夫曼提出的系数值（即消费与生产资料净产值的比值）将工业进程划分成四个阶段来呈现一个国家和一个地区的工业演进规律。广西工业结构在1998年之前基本遵循着1949年国家提出的“先轻后重”发展模式，由图6-2中可以看到，广西在1996~1998年轻工业、重工业产值比值为1~2.5，处于工业化进程第三阶段，在该阶段中生产与消费的产值在规模上旗鼓相当。随着市场体制的逐渐完善，资本、技术、劳动力等资源对于区域的发展开始显现出重要性，轻工业、重工业获得了良好的发展机遇。2017年，广西轻工业占全部工业总产值比例由原来的49.75%下降到28.03%，重工业占比由原来的50.24%上升到71.97%，短短21年中广西轻重工业占比变动了21个百分点，霍夫曼系数也逐渐小于1，在2017年降为38.94%，说明广西在1999年之后开始向以重工业发展为主的工业化进程第四阶段迈进，工业化水平于2017年达到当前最高。我国“一五”计划政策的提出，作为西部落后地区之一的广西就一直秉承着以重工业发展为主带动整个工业全面提升的目标，但是随着工业化进程的持续向前推进，这种以重工业发展为主的产业结构模式出现了发展优劣的两面性。马克思《资本论》中指出的这种以优先发展重工业为主的经济发展方式有利于高新技术与设备的提升，从而进一步带动消费品的进一步扩大再生产。但是重工业的发展往往需要大量的成本投入（资源消耗成本、环境损耗成本等），同时，广西偏向于依靠资源优势发展传统型重工业的发展，对于高新及精加工产业发展相对落后，这种成本投入也会大大增加，资源的长期透支会伴随着后期支撑动力不足现象的出现，如果不能够平衡好成本投入与生产，轻工业、重工业的平衡关系，终将会出现资源优化配置受到约束、经济发展受阻、竞争力减弱等现象的出现。

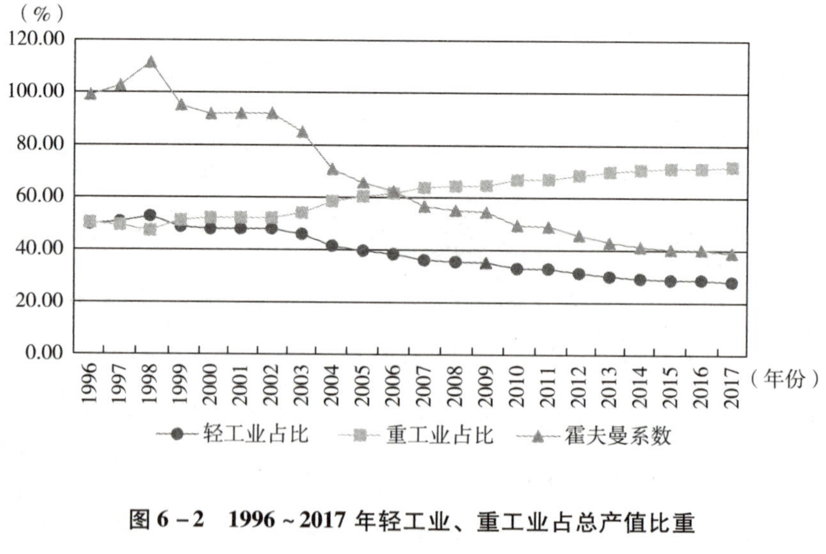

图 6-2　1996~2017 年轻工业、重工业占总产值比重

6.2.3　广西工业的区域结构

“十二五”时期广西全面部署实施“双核驱动”战略，到目前为止，基本建成了以工业为主、中心城区工业和各区县特色工业相互补充共同发展的产业空间发展格局。从工业总产值、规模以上总产值、企业规模、产业结构等角度来分析广西的区域结构，我们发现广西工业地域出现分布不均衡，产业集聚效应凸显的现象，这主要与“十二五”期间推行的工业发展战略有关。由于2005年之前的《广西统计年鉴》区域是按照5大经济区域划分的，因此本章按照2006年之后的《广西统计年鉴》区域划分，将其分为北部湾经济区4市、桂西资源富集区、西江经济带。从图6-3可以看出，虽然2006~2017年西江经济区占比一直下降，并在2017年降为55.74%，但其工业总产值仍然超过广西工业总产值的一半，并在三个经济区中保持着第一的位置。紧跟着排在第二位的是北部湾经济区，其从2006年占比23.8%上升到2017年30.55%。桂西资源富集区工业总产值占比近些年来有所下降，但其产值一直偏低，到2017年占比只达到了14.71%。因其企业规模较大，规模以上企业个数较多，外加工业园区的打造，柳州、南宁、桂林等成为了广西工业发展的优势区域，而南宁和柳州又集中在西江地区，所以西江工业产值排名第一也是理所当然的。在广西工业发展中柳州市一直扮演着领跑的角色，其工业产值总额在2017年达到1345.13亿元，占据了广西工业产值总额的一半。其他市区工业产值较小的原因主要是没有比较明显的优势部门或是虽有优势但没有能够充分发挥，且生产相对封闭，产业结构趋同现象比较严重。桂西经济区具有丰富的矿产资源，但是从图6-3中我们看出桂西资源富集区的工业总产值占比最高达到16.25%，这只能说明它们没有对资源进行有效的合理利用。此外，这种工业区域分布不均匀的现象只能在短时间内带动广西的工业经济发展，等时间一长就会阻碍产业结构优化，影响广西经济协调发展。

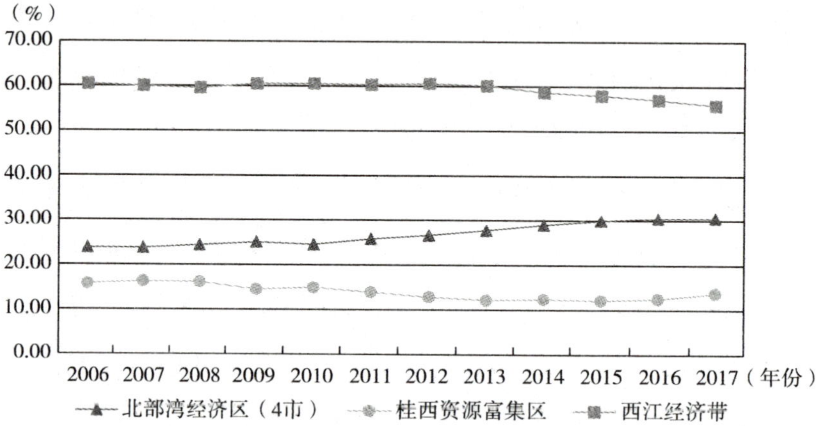

图6-3　广西三大区域工业总产值占比

6.2.4　广西工业企业的组织结构

随着技术的更新、经济的发展，广西逐渐由原来的大中小三种类型的企业组织形态划分为大中小微四种组织形态。从表6-2的数据中我们可以发现广西小型企业占比最大，其次为中型，次之为大型和微型，整体组织结构偏低。从企业贡献的产值方面来看，2006~2012年小型企业为经济增长的主要贡献者，其产值在四者中排名第一为4464.51亿元。从利润总额方面来看，2006~2009年中型企业利润较高，之后依次为小型、大型和微型企业。2012年之后，中型、大型企业产值、利润总额开始逐渐攀升并分别高于小型工业企业，2017年大型工业企业产值首次超过其他三种类型的企业，总值达到9248.86亿元（见图6-4）。结合不同企业个数的对比我们可以发现广西小型企业的个数为大型企业个数的 20 倍，中型企业的 3 倍，但在后来的产值贡献上都落后于两者，经济效益在不断收缩，说明大中型企业对广西经济增长发挥着重大的作用，在 2015 年之后，小型企业的产值上升幅度有所增加有赶超大中型企业产值的趋势，这可能是由于 2015 年我国提出的“大众创业、万众创新”所带来的机遇。广西小微型企业是从 2011 年开始出现的，在 2011 ~2013 年保持上涨的趋势之后开始下降，企业数量较少，发展不足，在 2015 年之后利润总额转为负值，这主要是由于广西小微型企业工资福利待遇较差使得人才向外流走，企业缺乏竞争力，从事一些技术较低利润较少的行业，并缺乏创新精神，抓不住微笑曲线的两端从而无法给企业带来高附加值。在这个创新发展的时代，微型企业是一个很重要的组织形态，正如美国的苹果公司是从车库当中产生的一样，它具有大中型企业不具备的灵活性而且不受官僚体系等影响，虽然广西在创新方面比较欠缺，但是发展微型企业让其为经济的增长做出贡献是一个独特的发展思路，同时会为广西带来额外的效益。

表 6 –2　广西工业企业数　　单位：个

年份	大型工业企业	中型工业企业	小型工业企业	微型工业企业
2006	25	441	3585	0
2007	28	499	3881	0
2008	28	485	4644	0
2009	34	621	5023	0
2010	48	798	5737	0
2011	138	1069	3701	138

续表

年份	大型工业企业	中型工业企业	小型工业企业	微型工业企业
2012	173	1178	3735	153
2013	187	1258	3763	287
2014	187	1281	3709	270
2015	195	1270	3820	233
2016	193	1277	3836	158
2017	202	1222	4112	187

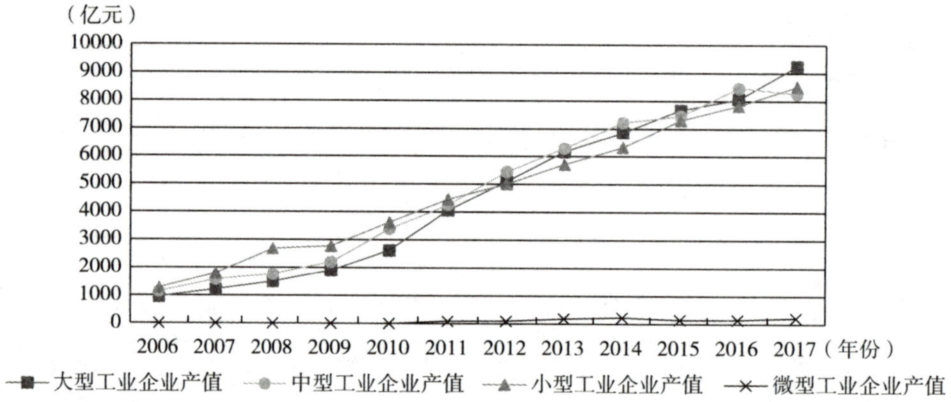

图 6－4　2006～2017 年广西大中小微型企业工业企业产值

6.3　广西工业技术结构

全员劳动生产率是衡量经济发展效率和生产力发展水平的重要指标。1996～2017 年，广西全员劳动生产率总体呈上升趋势，从 1996 年的 3.01 万元/人增长为 2017 年的 46.55 万元/人，如图 6－5

所示。广西全员劳动生产率在2004年之后开始大幅度上升，影响其上升的因素主要可以归结为以下几点：第一，随着科技不断创新发展带来了劳动生产力的解放从而使生产率不断提高。第二，在第4章经济分解中我们可以发现广西人力资本对经济贡献为负，代表了广西劳动人员素质较低，小学及以下学历占据了大部分劳动人员数量。但随着经济的发展这种负贡献度在逐渐降低，说明劳动力的质量有所提升，这也跟近年来广西提出的人才强省，大力吸收人才，引进人才的政策有关。但是与其他省份相比广西全员劳动生产率相对偏低，因此，未来广西应继续加大科技创新投入，用互联网大数据等新型网络手段提升传统工业的发展，加大人才培养对员工进行定期培训，提高从业人员素质。

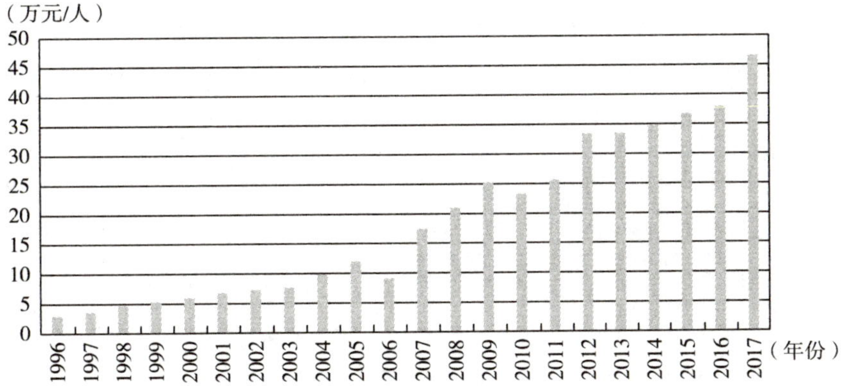

图6-5 1996~2017年广西全员劳动生产率

6.4 广西工业产值效益结构

结合表6-1和表6-3可以发现，广西工业的产值与经济效益存在不相匹配的现象，2017 年，广西交通运输设备制造业、农副食品加工业、黑色金属冶炼和压延加工业、非金属矿物制品业、有色金属冶炼和压延加工业等主导行业完成产值为 6512.32 亿元，对整个广西经济贡献较大。广西当前发展的 14 个千亿元产业中，有 6 个轻工业，8 个重工业，主营业务收入以及利润总额排在前 10 名的行业有过半的行业为重工业，主营业务收入为 10305.94 亿元，利润总额为 657.95 亿元，其余的 492.83 亿元利润总额全部来自于轻工业，从上述分析可以看出广西产值与经济效益相脱离，具有一定的反差，这种支柱行业脱离经济效益的发展会严重影响广西未来经济产业结构的调整升级。

表 6-3 2017 年广西支柱行业主营业务收入和效益排名

排名	行业	主营业务收入（万元）	行业	利润总额（万元）
1	交通运输设备制造业	25867205	计算机及通信设备制造业	1896519
2	黑色金属冶炼和压延加工业	23904554	黑色金属冶炼和压延加工业	1822082
3	农副食品加工业	23399669	农副食品加工业	1787443
4	计算机及通信设备制造业	18342149	非金属矿物制品业	1599536
5	非金属矿物制品业	18214749	交通运输设备制造业	1236522
6	有色金属冶炼和压延加工业	15318689	化学原料及化学制品制造业	694382
7	木材加工制造业	13399155	木料加工制造业	656227
8	化学原料及化学制品制造业	11337348	石油加工、炼焦及核燃料加工制造业	614178
9	电力、热力生产和供应业	10512190	有色金属冶炼和压延加工业	612839
10	石油加工、炼焦及核燃料加工制造业	8416842	电器机械及器材制造业	588069

6.5 广西工业产品结构

从表6－4中的广西产品结构来看钢材、水泥等原材料产品为广西的优势产品，这主要是由于广西柳州和江苏徐州是我国有名的重工业企业城市，钢材等产品占比较高，出现了产能过剩的现象，同时，在生态文明约束下这一状况又是绿色经济发展的一大阻碍。广西是全国最大的糖料蔗产区，将制糖业发展为广西的支柱产业是广西近年来的发展目标，从表6－4中我们也能看出广西一年成品糖的产量可以达到936.2万吨。此外，广西对于制药、计算机电子产品等轻工业产品的产量几乎为零，缺乏科技技术含量高的工业产品。在产品销售方面，广西没有自己的名牌产品；在品种、质量等方面与市场的需求具有一定差距。总体来看，广西原材料粗加工产品多、精细加工产品少，低档产品多、高档产品少，一般产品多、特色的品牌产品少，附加值和利润低的产品多、高附加值高利润的产品少。

表6－4 2017年工业企业主要产品产量

产品名称	本年生产量	产品名称	本年生产量
锰矿石（万吨）	1127.52	小型拖拉机（台）	138258
铁矿石（万吨）	283.32	纱（万吨）	10.44
粗钢（万吨）	2265.26	布（万米）	21077
生铁（万吨）	1310.75	机制纸及纸板（万吨）	301.21
钢材（万吨）	3271.11	成品糖（万吨）	936.2
铁合金（万吨）	521.15	发酵酒精（万吨）	79.25

续表

产品名称	本年生产量	产品名称	本年生产量
十种有色金属（吨）	2302130	化学原料药（吨）	9260
氧化铝（万吨）	1045.8	中成药（吨）	502580
发电量（亿千瓦时）	1401.11	表（万只）	52.93
原煤（万吨）	442.68	原盐（万吨）	3.84
硫酸（万吨）	385.32	卷烟（万箱）	144.26
烧碱（吨）	957397	罐头（吨）	589115
农用化肥（万吨）	84.9	饮料酒（千升）	1933313
水泥（万吨）	12218.75	原油加工量（万吨）	1562.5
汽车（辆）	2486056	发动机（万千瓦）	20585.59

6.6 代表工业行业分析

如何释放接续产业及维持产业的潜力，使之能够承担起今后广西工业经济发展的重任，对于广西深化改革、在调速换挡期间实现平稳增长、优化升级工业产业结构等方面具有重要的意义。接下来以制糖业、医药制造业、装备制造业三个工业产业为例，对其在广西的发展现状及潜力释放方面进行相应的分析。

6.6.1 制糖业

作为广西农业经济命脉、支柱产业之一，全国最大的甘蔗与食糖生产园区，广西产糖量从1990年以来均保持在全国60%以上，在我国的制糖市场有着至关重要的地位。从图6－6可以看出，广西制

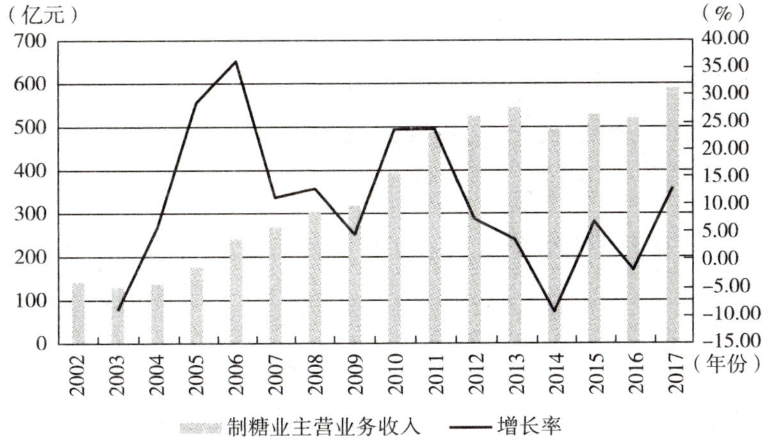

图6-6　制糖业主营业务收入及增长率

糖业主营业务收入增速在2006年达到最高点36.18%后开始逐渐下降，2014年增速为负值，2016年增速为-1.67%，2017年又转为13.17%。2012~2014年广西制糖业受国内经济环境下行、大量进口低价外糖冲击国内市场以及收购、销售成本的提升等因素影响导致主营业务收入下降，出现亏损面增加的现象。2015~2016年广西制糖业产量与销售价格呈相反走势，企业出现供不应求现象。总体来看，2011年之后广西制糖业的营业收入看起来并不是很乐观，盈利较低，制糖市场发展举步维艰。作为经济发展贡献的产业之一，广西制糖业当前面临着生产成本高、企业分散、规模较小、资金支持不足等问题。2017年6月，广西为推动制糖业的二次发展，摆脱当前低迷的处境，实施了“政策+金融”的战略发展方式，提出了“蔗担保”产品，为今后制糖业的二次发展提供资金需求，因此，出现了增速突然提高至13.17%的现象。为了实现“两千亿级”轻工食品产业集群的发展目标，广西制糖业应从自身发展状况出发，制定相关发展措施。

广西的制糖业在我国以及全世界占领一席之地，但却始终没有主导权，最明显的例子就是广西在糖类价格制定的过程中没有话语权，而引起上述的原因一方面是因为小规模企业占制糖业的大部分比例，自主进步能力较弱引发了加工领域技术创新缺失。另一方面是因为生产成本的增加以及销售渠道的不完善给广西制糖业的销售带来了一定压力。广西制糖业虽大却不强，劳动生产率和技术装备水平低，制糖企业应提高与相关高校和科研院所的联合，引入生产先进技术，提高技术升级，施行信息化建设。据广西统计局的数据显示，广西制糖业的生产成本占销售成本的比例高达70%，提高广西制糖业营业收入的当务之急是降低其生产成本。引发成本过高的原因主要有：自身生产条件较差，与进口糖相比成本价要高出很多，企业技术的落后带来的成本效率的降低，农机农业不能够完全结合，生产多数靠人力来完成带来的人工成本的提升。为了解决这一问题，企业可以通过将高新技术引入到制糖业的产生过程中来提高效率，降低成本。另外，集约化的生产方式同样可以为成本的降低做出贡献，从而提高企业在市场上的竞争优势。销售渠道的不完善主要在于广西制糖业的销售大都依赖于“企业—中间商—顾客”的模式，通过中间商的销售往往会削弱企业的利润，因此，制糖企业应建立自己内部的营销系统走“企业—顾客”的新销售模式，不仅可以缩短销售渠道降低成本并且能够在销售市场上先发制人，获得利润。

6.6.2 医药制造业

医疗与国计民生息息相关，在经济发展过程中，人民收入水平的增高、人口老龄化的加快使其对于医疗的需求与质量也不断攀升。

作为五大高新技术产业之一的医药制造业，因其集刚需性与公益性为一体的独特属性得到了政府的关注与重视，并成为我国未来发展的朝阳产业，给予了稳定经济增长与经济结构调整的厚望。医药制造业涵盖范围较广，大致可以分为化学、中药、生物制造业三个门类。由于广西独特的地理位置，气候与环境适宜，其中药植被与资源占据全国数量的1/3，2009年广西公布的《做大做强做优我区工业的决定》中指出，将医药制造业列为广西14千亿元产业之一，集中力量将其发展为支柱产业之一。

从图6－7我们可以发现，2003～2011年广西医药制造业增速在不断提高，主营业务收入由2002年的39.87亿元上升到2011年的204.75亿元，翻了5倍之多。但是在2011年之后广西主营业务收入增速迅速下降，由2011年的33.75%降为2017年的－3.63%，2016年主营业务收入增长为408.75亿元，2017年下降至393.9亿元。虽然广西这几年医药制造业在不断提高，但与全国相比，2002～2017年广西医药制造业工业产值、企业数以及利润总额占全国的比例在逐年下降，说明广西医药制造业未来发展仍需加大投入与关注。近日，《广西北部湾经济区升级发展行动计划》（以下简称《计划》）中指出的打造六个“千亿级”集群中就提到了医药产业集群发展规划。广西北部湾经济区被我国指定为第一个国际经济合作区，由于医药制造业是一个科技技术含量较高，并具有较强市场竞争力的产业，因此，广西大部分医药制造业集中于北部湾经济区，并在此积累了一定的发展基础，南宁三金制药、修正药业等企业在此集聚，《计划》中指出广西医药制造业的发展应依附于南宁经开区，发展龙头企业。

图6－7　医药制造业主营业务收入及增长率

从医药制造业的分类来看其主要包括化学、中药、生物三个门类。化学制药企业多以中小型企业为主，因规模的局限，企业在研发与生产方面受到许多限制，更容易跟风，出现大量的重复热销产品。虽然化学制药企业具有一定的缺陷，但是作为医药制造业的重点子行业，其未来发展形式也比较明朗。根据国家相关部门的统计数据显示，中药因其副作用较小、原材料易获得的特性在医药制造业中利润水平处于较高地位，近些年来中药医院的不正当竞争行为使其药品价格越来越贵，此外，由于我国的药品大部分只在国内销售，出口量较少，而进口的药量逐渐增多，导致中药制药业的地位频频受到威胁。当前阶段生物医药业的发展备受瞩目，未来可望成为引领全球发展的主导产业之一。上述情况主要是由于人们生活水平的提高，对于医药业的要求不再简单是药品治病这么简单了，而更倾向于作为一种生活品质的追求，提高健康的质量。虽然我国生物医药制造业的发展与发达国家相比起步较晚，但是近些年来的相关政策也促进了生物医药业的提高。2018年广西提出的《广西生物医药产业跨越发展实施方案》中指出，依托优势布局，重点扶持，加快原料药材基地建设等方案实施，为2020年广西生物医药产业工业总产值力争达到1000亿元而奋斗。

从广西当前医药制造业的发展情况来看，市场仍有巨大的发展空间，广西应如何将这种潜力转化为经济发展的动力，将其释放出来，就要依靠政府根据其产业特色与不足之处来制定相关发展战略路线。

与其他行业相比，医药制造业产业特性较为独特，其自身具有“六高”特色，即高技术含量、高投入、高风险、高收益、高附加值、高垄断的特点。面对当前的生活环境，医药制造业发展的前提是需要在技术提升的状态下进行不断的创新与研发，找出那些可以治愈各种疾病的药物。但是在研发创新的过程中我们需要大量的人力与物力资源的投入，花费较长的时间，这就消耗了大量的成本。研发试验并不是一次性就能成功的，它是一个量的积累过程，因此，在医药制造业的研发过程中会面对研发失败。当药品研究成型后，在市场销售推广时因为药品的刚刚问世，人们对于其功效不是特别了解与信任，从而会产生销售失败以及临床用药的失败等状况的发生。因此，新的药品无论是在技术、投入等方面都具有较高的风险，反过来会促进人们对药品创新与研发的进一步提高。前期的挫折都是后来成功的铺垫，当新药品研发成功并大量的投入使用后，投资者就会收到丰厚的回报，产生巨额收益。

对于高端药品的研制我国主要依靠国外的进口，市场几乎被大多数国外医药制造业垄断，这就促使我国集中于中成药和部分西药的仿制生产，从而出现恶性竞争。这种研发力量单一，缺少创新药物研发力量的问题在广西也不可避免地存在。因此，政府应增加对产学研资本金的投入及渠道方式建立技术创新体系，将各大科研学校的技术研发创新活动引入医药制造行业中，及时淘汰那些落后产品的生产，发挥地域优势，主攻广西具有特色的药业制造，辅以其他药物的生产，打造南方民族药基地、中国南方药都、中国壮瑶药之乡，同时引入科技电脑控制为主的生产制造装备，形成科技成果迅速产业化的机制。

未来医药制造业的发展必将趋于集中化，形成产业集群的发展方式。广西医药制造业虽然大部分在北部湾经济区，但相较于其他省份，广西的医药制造企业集中度较低，中小企业数量多于大型企业。当前的发展方式不利于医药制造企业获得规模经济，广西应建立医药制造业产业园区，以集中发展中药，生物制药为主，辅以化学药业的制造。此外，广西因其具有丰富的中药资源可以建立药材种植基地，为医药制造业提供原材料，从而形成上下游产业链。在医药制造业园区中，政府应对各企业进行优化整合，培育具有潜力和特色的大企业，并鼓励中小医药制造企业与大企业协调配合，进行专业化分工从而形成优势互补。政府应鼓励并支持园区内企业建立实验室与技术中心，对于医药业人才的引进给予相应的优惠与补贴，这种园区的发展方式可以将相关人员、资源与资本金聚集起来，形成政府引导、市场选择、企业集聚、规模发展、分散成本的发展模式，加快广西医药制造业的发展。

6.6.3 装备制造业

作为一个国家和地区的代表性支柱产业，工业产业的“大心脏”、促进国家高速发展的“兴国之器”——制造业，不仅标志着工业结构转型的进程也能够体现该国和区域的综合竞争实力，同时也为现代化进程的快速发展奠定了基础。党的十九大报告中提出的制造强国，加强产业链迈向中高端，同时也让装备制造业成为了制造业创新竞争发展的主战场。在《国民经济行业分类》中，将装备制造业分为金属制品业、通用设备制造业、专用设备制造业、汽车制造业、铁路船舶航空航天和其他运输设备制造业、电气机械和器材制造业、计算机通信和其他电子设备制造业、仪器仪表制造业八大类，图6－8为2013～2017年广西装备制造业的整体经营收入状况。

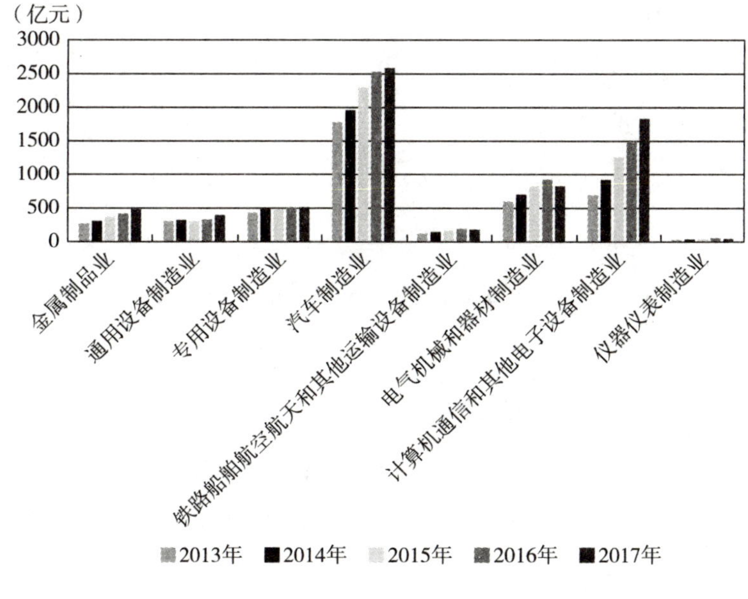

图6－8 2013～2017年广西装备制造业主营业务收入

广西装备制造业主营业务收入在2013～2017年提高了1.6倍，总体效益良好，计算机通信和其他电子设备制造业、金属制品业等部分行业效益水平高于全国。2013～2017年，企业个数由1030个增加到1120个，分别占全部工业企业个数的18.7%、19.57%，工业总产值由4512.45亿元提高至5543.39亿元，利润率由4.79%增长至13.85%，并呈稳定上升趋势，总体利润总额由273.42亿元升为998.92亿元，分别占全部工业利润总额的26.96%、62%，投资增速呈下降趋势并由传统部门转向高端装备制造部门，作为西部重要工业基地之一，广西的装备制造业为工业发展提供了强劲的发展动力，但是从图6－8中可以看到汽车制造业、计算机通信和其他电子设备制造业、电气机械和器材制造业三个行业对装备制造业的经济效益贡献最大，其他行业贡献率较低，广西仍然以传统制造业为主，高端装备制造业（通用和专用设备制造业等）尚处于初期阶段存在内生动力不足等现象，下文就对每一个行业来展开具体分析。

由于汽车制造业具有独特的产业特征，能够带动工业、服务业等相关二三产业齐发展的联动效应，促进工业增长，服务业结构加速调整，富含高新技术与资本密集型等特点，被称为装备制造业的顶梁柱、制造业的标杆、能够改变世界的机械。2017年，广西汽车产量首次突破250万辆，占全国汽车产量的8.7%，居全国第三位、西部区域第二位，生产规模较大。作为我国汽车七大产业生产基地之一，柳州具有一汽、东风、上汽、重汽四大知名整车生产企业。据2017年汽车工业协会数据统计，MPV销量排名前十中五菱宏光荣获第一宝座，狭义乘用车厂商销量前十中前两名分别为上汽和一汽，柳州工业生产基地的作用不可忽视。2013～2017年，汽车制造业企业共349家，其中，汽车零配件制造企业占比达到90%，仍处于低附加值发展环节。总产值由1910.3亿元升至2829.76亿元，2017年占全部工业总产值的10.77%，成为第一大工业行业，主营业务收入由1780.79亿元升至2586.72亿元，从业人员数量由13.91万人增至14.67万人，利润总额由83.27亿元增至123.65亿元，2017年占全部工业利润总额的76.75%。通过上述分析可以发现广西的汽车制造业对工业经济增长贡献较大，与重庆等排名靠前的汽车制造业区域相比，总体工业总产值占比较低，说明汽车制造业规模与发展水平有待进一步提升。随着生活水平的改善，汽车作为出行必备工具之一，受到了多数家庭的青睐，由于大部分汽车价格都能够达到小康水平家庭的承受范围之内，因此，汽车销量逐年提高，中国开始进入了汽车社会时代。万物皆有两面性，为了出行方便去购买汽车，但是随着汽车的增多，大部分地区开始出现交通堵塞状况，石油需求量不断增高，尾气排放对环境污染加剧等问题。在生态文明约束下，我国部分区域（如陕西）开始施行单双号出行日等政策，但这并不能解决根本性问题，寻找新能源代替高污染排放燃料已成为必然趋势。我国近年来提倡将新能源汽车产业作为当下集中力量发展的新兴产业，并给予了相关财政补贴，新能源汽车产业迎来了发展新时代。这一新战略的实施不仅能够改善生态环境，培育经济新的增长点与能源消费结构，还能够通过大规模经济带动相关技术密集型的高新产业发展，将优秀的科技成果应用于产业制造中，从而对工业产业结构进行调整升级，科技创新水平进一步提升。广西汽车制造业多属于传统型，因此，广西应抓住政策机遇逐渐向轻量化、节能化、电动化、智能化的方向发展。

广西的计算机通信和其他电子设备制造业是装备制造业中的第二大顶梁柱，总产值由2013年的733.81亿元增至2017年的1871.91亿元，营业收入由696.05亿元升为1834.2149亿元，年均增长率为27.61%，2017年规模以上企业为133家，发展与增长速度较快。排名第三位的是电气机械和器材制造业，2017 年产值为 894.57 亿元，营业收入为 828.63 亿元，规模以上企业为 140 家。金属制品业、通用设备制造业、专用设备制造业、铁路船舶航空航天和其他运输设备制造业、仪器仪表制造业 5 类行业在 5 年内营业收入变化幅度较小，在 2017 年营业收入分别为 483.62 亿元、396.62 亿元、514.45 亿元、185.72 亿元、48.8 亿元，规模以上企业个数为 161 家、115 家、147 家、47 家、28 家。

通过以上分析可以发现广西装备制造业总体发展趋势良好，但与全国其他区域相比仍存在着规模优势不足。在生产方面，广西扮演着加工、装配的劳务角色，存在内生动力不强、竞争力较弱、技术密集型高端产业发展落后等问题，从整体和不同产业出发，根据其特点对其进行针对性解决。一方面加强装备制造业中排名前三的支柱性产业科技投入力度，另一方面提高优势产业集聚度，带动相关产业共同发展。对于汽车制造业来说广西应培养一批具备科技研发能力的人才，加大研发经费投入，加强自主品牌创造，服务业质量提升，进而提高在产业价值链中的竞争力，同时利用国内市场的需求状况，构架具有自身特色的产业价值链，进而向国际市场拓展，完成价值链中高端的攀升。加强与现行利好政策的结合，推进新能源汽车开发与建设。计算机通信和其他电子设备制造业是一种知识、科技、智力高度密集的产业，必须加强企业科技创新能力的培养。科技创新平台是广西计算机通信和其他电子设备制造业科技创新体系的重要基础，是推动企业成为创新主体的重要载体。广西应建立完善的科技创业、中介、融资平台，优化公共科技服务机构的结构，努力构建具有较强竞争力的现代创新平台体系，推进产学研深入合作和成果转化，以提高企业的自主创新能力。加大计算机通信和其他电子设备制造业的科技投入，尤其是对研究与试验发展活动的投入，借以提高技术创新能力，增强自身综合科技实力的重要性，制订合理的技术创新政策，调整和提升产业结构，合理配置有限经济资源以创造最大的边际效用；进而构建更为科学、合理的区域创新体系、创新政策。对于电气机械和器材制造业这种行业效益好、具有发展潜力的产业来说，广西应扩大该类型行业规模、人才与技术引进、提升行业效率。金属制品业等5类行业在广西制造业发展中处于劣势地位，对经济贡献较小，在提升制造业发展时既要关注于支柱性产业的拉动，也要全面发展其他行业，从而与优势产业共同推进装备制造业的转型升级和发展，因此，在今后发展中应改变金属制品业等传统的行业形态与生产方式，提高行业专业化水平与市场占有率。

第7章　广西旅游与文化产业对经济增长的影响

2013年广西壮族自治区中有10个城市被评为资源城市，随着经济快速发展，能源消耗与环境等生态问题首当其冲，新城镇化建设步伐逐渐减慢，经济结构转型发展势不可当。党的十八大报告指出新型城镇化建设中我们不仅要关注经济的发展问题，还要对文化、社会等各个方面的进程进行把控。新城镇化下，我们尤其要强调"以人为本"的新理念，即围绕消费需求来制定我们经济发展的主攻方向。如果说第二产业是经济高速发展的基石，那么第三产业就是推动经济稳步升级的辅助器。第三产业的发展使第一产业的生产活动高度流程化，第二产业的需求个性化，而且创新与生产效率的再次提升不仅可以增加就业人数、提高居民收入、优化资源配置、改善生活体验，还可以增强商业、文化与思想的繁荣，降低环境与生态压力，同时促进并保证工业、农业与城镇化间的互动和协调。2017年我国社会主要矛盾已由物质文化需要与落后生产的矛盾转变为人民日益增长的美好生活需要与不平衡不充分发展的矛盾，新时代人们在达到丰衣足食的情况下开始追求精神方面的满足与愉悦感，节假日期间全国旅游人数逐渐提升，进入全民旅游时代，然而旅游不再属于高收入人群的消费项目，各种优惠套票与创新的旅游方式让普通老百姓也开始在节假日加入到旅游的大军行列，旅游消费成为了多数人生活支出的一部分。由于旅游业具有涉及相关行业广泛、带动性强的特点，我国在2009年将其作为战略性支柱产业，大量地区开始狠抓、紧抓旅游业的建设与发展，从而实现脱贫与小康建设。但是目前多数区域旅游业发展无明显特征，给游客的体验感较差，人们越来越强调旅游中所能体会到的当地特色与风情，因此文化与旅游产业的相互融合被提上了日程。由于广西独特的历史与区位条件，使其具有多样的文化特性与丰富的旅游资源，如何能将广西独特的优势进一步发挥，在工业经济发展的基础上，将文化与旅游业发展做成广西的第三产业支柱性产业，从而推动经济高质量转型是当下需要解决的问题。

7.1 广西文化产业发展现状

随着低碳经济时代、生态文明约束与大众消费时代的到来，消费结构逐渐向享受型转变。回顾发达国家经济发展历程可知，地区生产总值的提高能够带动人民对文化产业及服务的需求不断增加，同时与其相关联的产业收入也会提高，而文化产业的发展也会促进消费、出口、投资“三驾马车”协调发展。文化产业因其具备：①对自然资源的低耗性；②能够代替物质资源消耗；③通过知识外溢性来提高劳动者素质与文化氛围；④与科技创新相辅相成，利用其原创性与诱导性来吸引外部投资；⑤将与文化相关的资源转变成经济活动中的生产要素，提高上游产业的技术水平，从而进一步提高经济效益等诸多优点成为21世纪的绿色朝阳产业。文化产业的发展不仅可以提高有效劳动供给、资本要素积累、经济制度与技术创新、产业结构框架升级，还能够在节约资源、改善环境状况的同时，扩大有关文化消费升级，因此文化产业在社会经济发展与经济结构调整中起到了不可替代的作用，2017年广西将其发展提上了日程并出台了《文化产业跨越发展行动计划（2017—2020）》政策，致力于在2020年提高文化产业的规模、结构、优势、集聚程度，引领支撑经济社会发展的作用更加明显。

7.1.1 文化产业规模状况

近年来广西着力山水、民族风情、边关特色等旅游产品品牌开发，从而构建了一批具有区域特色的文化产业项目。由图7-1可知，2004年以来广西文化产业发展呈上下波动形式，稳定性较低，发展较缓慢，但整体来看总产出与增加值呈上升趋势，其中总产值由2004年的198.61亿元升至2017年的734.43亿元，年均增长率为11.7%，产业增加值由170.22亿元升至482.28亿元，年均增长率为9.65%，而文化制造业与文化服务业是产业增加值的主要贡献者。广西文化产业结构主要以传统文化的生产、批发等低端业态为主，在2017年营业收入占比达80.6%，新兴产业仅为19.4%，这主要源于广西文化产业起步晚，而新兴产业多数在培育与起步阶段，所以当前仍以传统文化产业发展为主，广西的文化产业结构有待进一步提升。此外，产业增加值占地区生产总值、第三产业产值比重等数据并不乐观，分别由4.96%、12.5%降至2.36%、5.89%，表明文化产业对于地区生产总值和第三产业的发展影响在减弱，而第三产业发展水平不高对其壮大具有直接影响，因此文化产业要想成为拉动经济发展的支柱性产业还有很长的路要走。广西全区以文化产业为主体的企业在陆续增加，至2017年共有51388家，比上年增长了25.65%，其中以中小企业为主。广西的文化产业在产出与收入方面都有所提升，通过《中国文化及相关产业统计年鉴》可以得出广西在文化产业方面的固定资产投资总额在不断加大，2012年达407.81亿元，产业的资本积累与形成速度在不断提高。文化产业从业人员数量由2004年的67857人减至2017年的56826人，但文化产业增加值在这一段时期内不降反升，说明相关产业人员与企业效率的提高带动了居民消费，从而增加了经济财富。随着生活水平的提高，消费结构也逐渐由原来的基本吃穿需求转变为健康、娱乐的消费，广西全区城乡人均文化娱乐消费支出由2005年的697.1元/人升至2017年的805元/人，其中农村居民人均文化娱乐消费支出由226.4元/降至165元/人。通过文化企业的分布状况可以发现，广西文化产业主要集中于北部湾与西江两个经济区，而桂西文化企业较

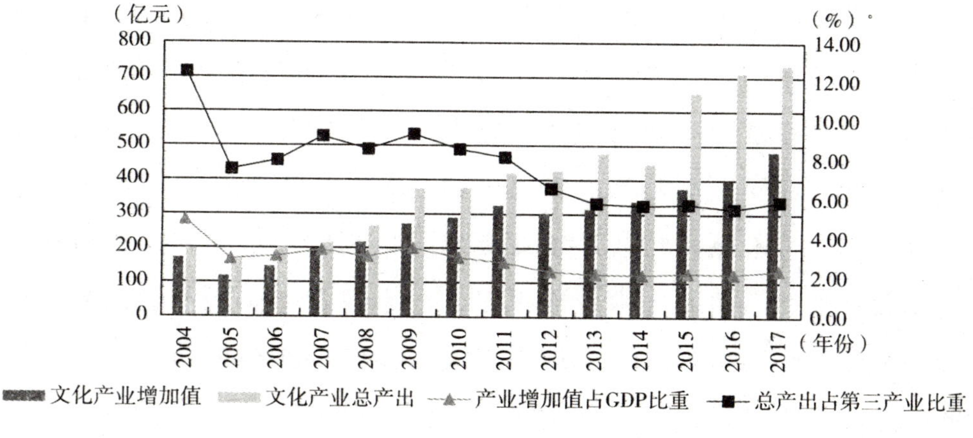

图7－1　2004～2017年广西文化产业增加值变动与占比

少，这主要是因为“两区一带”发展战略布局的实施，但是北部湾与西江经济区中以南宁、桂林、柳州为代表的城市中文化企业较多，而崇左、贺州等市的文化企业数量较少，均未过千家，同时桂西的资源因其文化企业数量不多而未被充分利用，说明广西文化企业区域发展均衡度有待提高。

7.1.2 文化产业行业现状

近年来广西文化产业结构不断优化，从2004年文化市场经营机构独占鳌头的局面发展成艺术业、其他文化及相关产业、群众文化等企业齐发展的局面。新兴产业发展速度不断加快，产业增加值占比不断提高。至2017年，文化市场经营机构、其他文化及相关产业、群众文化、艺术业以及图书馆业占比分别为41.72%、23.60%、10.47%、9.87%、8.12%，而艺术教育、动漫企业、文艺科研、文物业产业占比较小，分别为0.58%、0.49%、0.31%、4.84%，如图7-2所示。通过机构个数和从业人员数量来看，艺术教育业与文艺科研业数量最少，分别为2个机构190名从业人员、9个机构174名工作人员。党的十九大报告中“美”字成为了最亮丽的字眼，随着社会主要矛盾的转变，“美”字在生活中的各个领域有所体现。在以往的学习过程中，我们往往忽视对孩子的艺术教育，而艺术从业人员的缺乏使这个领域的发展变得不充分、不平衡。习总书记在报告期间对艺术教育与艺术事业提出了更高的要求，要在新时期以艺术教育来提高国民艺术生活水平，艺术教育工作人员应挑起这个建设美丽中国的重担，为实现人民美好生活的愿望而奋力向前。因此，广西在艺术教育、事业发展方面仍有很长的路要走。2010年广西开始进军动漫行业，至2017年企业个数为9个，相关工作人员

246人，产业增加值达2383万元，在总体产业增加值中占比较小，企业实力和人才储备情况与其他发展较早、较快的地区相比具有较大差距，但广西自身具有得天独厚的地域资源、民族文化资源及政策资源的优势，为广西未来动漫产业的发展提供了创意背景、源泉以及有利的环境。东盟博览会的召开、“一带一路”动漫游戏产业大会的成功举办为广西动漫产品的宣传提供了一个良好的平台。新时期国家对文化产业的发展给予了高度重视与扶持，因此广西动漫产业应抓住这一利好机会，利用自身所具备的优势，进行有效资源整合、集聚园区建设、加大专项资金投入等，力争在千亿元动漫产业大蛋糕上分得一块。

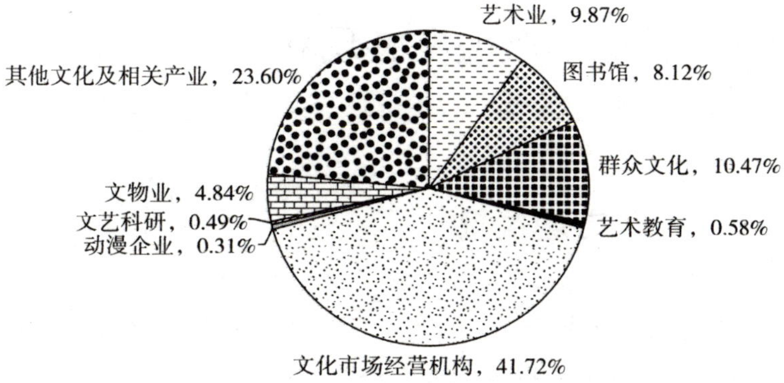

图7-2　2017年广西文化及相关产业增加值占比情况

受新媒体冲击与阅读方式的改变，广西图书总数量与印数在2014年达到峰值，分别为13146种、39773万册，2014年之后数量开始逐渐下降，至2017年图书总量与印数分别为7319种、29022万册。报纸种类数也在逐年减少，至2017年为53种，印数在2017年达57997万册。期刊总数至2017年升至181种，印数达4090万册。作为发展较早的广播电视行业，二者在2017年综合人口覆盖率分别为97.2%、98.6%，几乎形成全面覆盖，从业人员数量增至17043人，创收收入为45.15亿元，其中多数源于网络收入。公共图书馆数量至2017年增至115个，增速较小，多数图书馆集中于南宁、桂林、百色、柳州与河池5地，藏书量达2786万册/件，流通人次为2344.3万人次。博物馆数量增至132个，群众文化机构数升至1298个，文艺艺术表演不断推进，但是艺术表演团体降至108个，这主要是由于产业内部结构调整给传统表演带来的冲击，总体来看四者年度收入合计数在不断提高。

7.2 广西旅游产业发展现状

7.2.1 旅游市场情况

由于旅游业具有低耗能与高收入的特点，它的发展不仅使旅游业本身受益，同时还能够带动住宿业、餐饮业、交通运输业等相关服务产业的发展。因此，以旅游业发展为中心，辐射周边相关产业共同发展的模式被我国高度重视，被冠以“绿色高效发展产业”之称、“产业变革先锋”之名，对新常态下经济可持续发展起到了重要的推动作用。同时为了鼓励具有一定资源的省份能够发挥出其应有的优势，中央政府对旅游产业发展给予了相关政策扶持。广西农村人口较多，老龄化严重且消费水平较低，如何推动乡村消费，带动人口增收是当下所要着力攻克的难点。为此广西依据“旅游乡村振兴”和“旅游产业融合发展”工作文件对旅游扶贫工作进行深入开展，通过挖掘旅游资源、提升旅游产品知名度、丰富旅游产品内涵等方式来扩大旅游收入，提升乡村居民生活水平，带动相关产业发展与就业人数，从而推动经济增长。

作为少数民族集聚的西部省区之一，广西具有独特的资源与环境优势，旅游业相较于其他省份发展较早。通过图7－3可知广西旅游消费主要来源于国内游客的拉动，2000年广西国内旅游人次3951万人，入境旅游人数达124.03万人，国内旅游消费为146.8亿元，国际旅游消费为21.78亿元。至2017年广西国内旅游人次升至51812万人，入境旅游人数达512.44万人，国内旅游消费为5418.6亿元，国际旅游消费为161.8亿元，消费与旅游人次双双达到5亿，在各年旅游收入中排名较高的两个市分别为桂林与南宁。17年间，旅游人数与游客在广西消费量都有所提高，产业规模在不断扩大，广西旅游产业与市场的格局初步形成，向旅游大省更迈进了一步。但总体来看，广西旅游人数与游客消费量增速呈下降趋势，国际旅游消费呈稳步发展趋势，波动幅度不大，增量较小，国内旅游消费在17年间提高了37倍，年均增速为15.7%。旅游消费收入占国内生产总值的比重由2000年的8.1%升至2017年的27.36%，说明旅游业在广西国民经济中的地位稳步上升。广西旅游消费结构中多数为住、行等基本消费，购物等非基本消费占比较小，与发达省份的旅游消费结构相比具有一定差距，此外，在2017年省区接待游客量、旅游总收入排行榜中，广西在全国排名为10，虽为旅游大省，但收入与游客量仍有较大的提升与发展空间。广西旅游游客中98%来自于国内，仅有2%的游客来自于国外，国内市场为广西旅游的基础客源，而欧美地区又是广西传统国际游客来源。作为连接东南亚与我国的桥头堡、交流桥梁，东、中、西地带的交汇地，独特的沿海、沿江的地理优势，交通设备的通达与成熟为广西旅游业的发展提供了较大的便利。但是广西国际收入与人次并不理想，这主要源于广西旅游业在国际市场上还没有完全打开，通过入境天数可以观察到，广西大部分时间扮演着其他省区入境的“中转站”角色。因此广西应借助窗口优势外加“一带一路”历史文化资源这一特色，紧抓本土旅游资源的开发与挖掘，将广西独有的文化特色与旅游产品相结合，激发国际游客对广西旅游产品的消费愿望，从而带动旅游产业的发展、消费的提高。

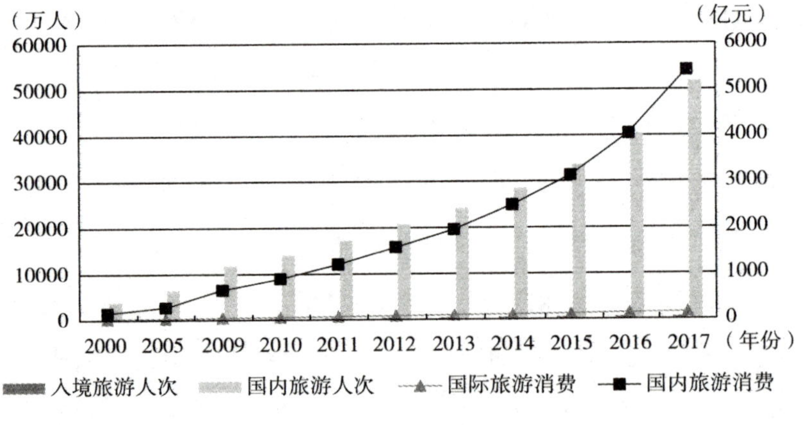

图 7－3　2000～2017 年广西旅游人次与旅游消费收入

7.2.2　旅游资源现状

旅游产业的发展需要旅游资源来做支撑，而良好的旅游资源禀赋可以直接影响到区域旅游产业的整体发展状况，广西的农业梯田、江湖河海、喀斯特地貌、山岭连绵、岩溶广布等自然资源与现象为其旅游产业发展奠定了良好的基础。自小我们在课本中就学过《桂林山水》这篇文章，并熟知“桂林山水甲天下”，然而没有来过广西的人并不知道广西除了桂林之外的其他风光，这主要源于改革开放之前，桂林的山水就被我国推向了全世界，闻名天下。随着近些年来的发展，桂东、桂南、桂西、桂北四地的资源被深度挖掘，并形成以桂林为主，桂林/贺州—柳州/河池—来宾—南宁—钦州/防城港/东兴—北海和梧州—玉林—贵港—南宁—崇左/百色两条黄金辅助旅游带，不同旅游景点各具特色，旅游形式多样化，产品不断细化与扩展，从最初的山水风光到如今的长寿与革命圣地巴马，北海第一银滩的休闲度假区，留有世界自然与文化遗产的宁明花山崖壁画崇左，风俗风情与工业兼具的旅游特色景点柳州，百色、兴安等红色旅游圣地，程阳桥等文化古迹，侗情水庄等民俗风情体验……至2017年广西5A级景区有5个，4个位于桂林市，一个位于南宁市，分别为：桂林漓江景区、乐满地休闲世界、独秀峰—王城景区、两江四湖与象山景区、南宁青秀山风景区，4A级以下景区逐年升高，到2017年共有403个，同时拥有国家级风景名胜区、森林公园和旅游度假区，众多自然风景、民俗风情与文化特色景观相互交融，说明近些年来广西旅游景点特色随着对旅游资源的深入挖掘而凸显，景区功能逐步完善，已成为全国主要旅游地区之一。然而广西虽有较丰富的旅游资源，但与一些一流旅游景区相比仍有较大差距，且存在着不同区域景区发展不均衡、管理与促销方面缺乏科学性、神秘感与新鲜度较低等问题。

7.2.3　旅游基础设施发展状况

如果说旅游资源决定了整个区域旅游业的发展格局，那么旅行、住宿、餐饮等基础行业就决定了旅游业的市场竞争力大小，而完善、多样化的基础服务会让游客在旅途中的体验感随之提高。2000 年以来，广西旅行社数量快速增长，由 282 家升至 2017 的 830 家，但在全国旅行社数量排名中仍然靠后。星级饭店数量在 2007 年之后增加数量逐年减少，且广西都集中于四星、三星与二星级酒店的发展，一星级酒店逐渐减少，由 2000 年的 10 家减至 2017 年的 0 家，五星级酒店数量由 2000 年的 4 家增至 2017 年的 12 家，旅游管理部门由 2000 年的 89 家增至 2017 年的 195 家。此外广西旅行社、星级饭店和管理部门的从业人员由 2000 年的 62532 人减至 2017 年的 43839 人，全员劳动生产率由最初的 6.8 万元/人提高至 24.64 万元/人，三部门营业收入由 425156.81 万元增加至 1080238.49 万元，利润由 2000 年的负值转为 2017 年的 40000.91 万元。纵观广西旅游机构数量，在全国位于中下等位置，因此应提高旅游机构的组织、接待等方面的能力。此外广西旅行社、管理部门、星级饭店从业人数逐渐减少主要源于从业人员的高速流动以及专业技术与高级管理人才缺乏所致。

高铁、互联网等高科技的发展解决了传统旅游业出行不便的约束问题，对旅游市场的扩张起到了推动作用，而区域良好的交通条件也成为了吸引消费者来消费的因素之一。广西公路里程由 2000 年的 52910 公里升至 2017 年的 123259 公里，等级公路里程由 45430 公里升至 112619 公里，其中二级公路发展速度较快，后来居上，在 2017 年里程共计 12714 公里，其次为四级 84907 公里、三级 8296 公里、高速 5259 公里和一级 1443 公里，客运量在 2017 年达 38083 万人次。广西各市高速公路基本联通，形成了以南宁为中心的通江达海的高速骨架，桂三高速等公路的通行进一步推动了东、西部交通的连接，旅游、贸易产业的互动。广西客运量最高的交通工具为铁路，2017 年高达 9838 万人次，这主要源于广西“十三五”提出的加强交通运输综合体建设以及至 2020 年建成“一环四纵四横”的政策方针，全区铁路共同发展，高速铁路网进一步拓宽，南宁交通运输枢纽作用进一步强化。广西民航与水运客运量较少，分别为 2478 万人次、657 万人次，但近年来航线与水运基础设施投资建设均有大幅度提升，其中北部湾作为全国 20 个主要枢纽港之一，现已与世界 100 多个国家和地区港口通航。

作为第三产业的领头羊，旅游业因其门槛低、就业层次多等特点具备解决某一区域或国家剩余劳动力以及教育素质较低人员就业问题的能力。广西农村人口较多，剩余劳动力以及教育素质较低的人口数量规模较大，因此发展旅游业对于解决就业问题、经济增长、实现国富民强具有重要推动作用。至 2017 年，广西住宿和餐饮业从业人员呈上升趋势，企业个数由 2000 年的 581 个增至 2017 年的 912 个，住宿业的客房与床位数分别由 63915 间、112690 个增至 262564 间、437085 个，餐饮业的餐位数由 292875 个增至 947127 个，营业额由 675506 万元升至 1243131 万元（见表 7－1、图 7－4）。与过去相比，广西在接待客源方面，能力有了较大幅度的提升，但与全国其他省份相比仍存在着经营水平弱等问题，经营能力有待进一步提升。

表 7－1　2010～2017 年广西住宿和餐饮业企业经营情况

项目	2010 年	2011 年	2012 年	2013 年	2014 年	2015 年	2016 年	2017 年
法人企业数（个）	581	662	734	802	818	828	841	912
年末从业人员（人）	70818	70818	83526	81461	77844	75538	74288	77637

续表

项目	2010 年	2011 年	2012 年	2013 年	2014 年	2015 年	2016 年	2017 年
营业额（万元）	675506	675506	965256	926203	932172	1003531	1083573	1243131
客房间数（间）	63915	63915	96443	81777	87037	115733	204719	262564
床位数（个）	112690	112690	161065	139771	147920	189627	323589	437085
餐位数（个）	292875	292875	367388	365375	389320	399120	416588	947127

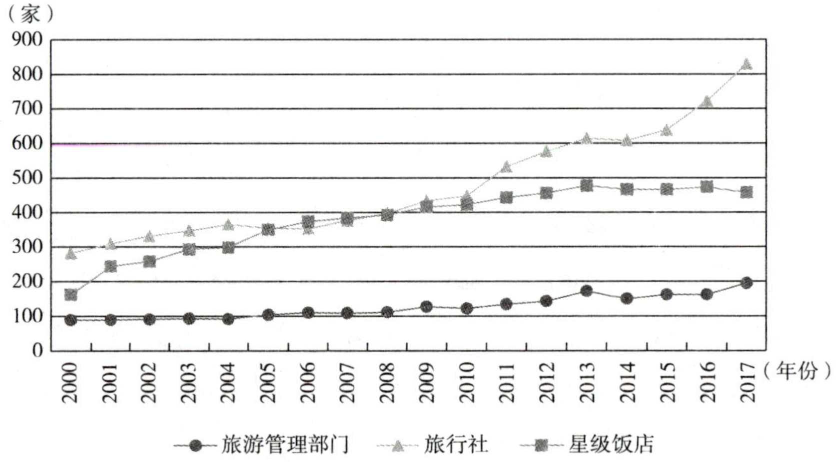

图 7－4　2000～2017 年广西旅游机构数

7.3　广西旅游与文化产业融合现状

社会生产力的提高使人均可支配收入与娱乐时间增加，伴随着技术的快速发展，人们倍感生活压力加剧，因此对于亲近大自然、领略优秀传统文化与异地风情体验的渴望变得尤为强烈，旅游者的需求也变得多样化与个性化。过去单一的走马观花式旅游不再受到人们的追捧，相反消费者更愿意去支付高价，去消费那些能够在旅游的同时带给他们不一样情感体验的项目，这就对文化业与旅游业的创新与直观性提出了更高的要求，所以文化产业与旅游产业的融合发展成为了必然趋势。作为上承庙堂之期，下接人民美好生活之望的高端三产服务业，文化产业与旅游产业两者之间具有较高的关联度与相似性，同时具备传承性与地域性，并拥有共同的消费群体。若说文化产业是魂，那么旅游产业就是承载这个独具特色文化魂的形，文化产业的发展对旅游产品进行了包装与宣传，而旅游资源的开发又将人文价值与经济价值进行互相转换。因此两者的融合有别于其他产业，文旅产业的融合是初级、蓬勃发展产业与成熟、竞争压力巨大产业的融合，是政府与市场需求齐推动的发展融合。两者的融合不仅可以打破产业发展的束缚，弥补文化产业由于初期阶段规模小而难以将资源具有的特色和创意发挥的缺陷，降低庞大旅游产业的同质性与市场竞争压力，还能够促进产业之间的交流，让文化产业在旅游业已建立的市场平台基础上进行发展，使其市场更加开阔，而旅游业在转型升级时可以引用文化的独特与创新性来提高旅游业的内涵，提高消费者消费意愿，同时二者的创新与规模性可以共同促进经济结构转型与增速发展，展现了经济发展从量变转为质变的缩影，实现资源优化配置和社会福祉与文化软实力的提升，形成经济增速放缓下另一个撬动万亿级资本市场的“独角兽”。

7.3.1 旅游演艺类

旅游演艺产品依托地方文化资源，运用表演与新技术的形式向观众呈现当地的民俗风情，这种二度创作成为了普遍的旅游消费产品。广西具有我国最早、世界最大的以山水实景为演出舞台的《印象·刘三姐》，亚洲首台山水情境表演《梦幻漓江》，以及近年来出现的《龙脊魂》《桂林千古情》，通过这些旅游演艺类产品让游客们更加了解广西的文化与民族特色，从而带动与之相关的文化产品开发，提高了游客对纪念品的消费意愿，拓宽了文化产业链。

7.3.2 主题公园类

广西主题公园起步于1970年初，主题特色各异，有填补了桂林市人文景观和高科技游乐园空白的乐满地；坐拥八千亩山水奇景，以艺术创作、休闲、展览与会议讨论为一体的愚自乐园；以民俗风情为主题的刘三姐大观园；以海洋为主题的海底世界；以自然生态花卉为主题的花花大世界；等等。广西主题公园虽发展较早，但仍有很多缺陷，通过调查发现广西主题公园多集中于桂林和南宁两地，集聚效应明显，但却忽视了其他区域的发展，部分主题公园因为开发者对于文化的理解度不够导致主题文化特色不突出，很多游客在游览时体验不到游乐特质，导致回头客较少。此外，发达国家中主题公园的收入来源不仅仅依赖于门票的收入，更多的盈利来源于住宿、餐饮等基础服务，而广西的主题公园中依然以门票为主要收入，其他基础服务收入较低，这也是广西主题公园与其他区域相比落后的原因之一。

7.3.3 节事类

区域节事类活动是提升与传播文化资源的重要平台，是对既有文化的维护、传承与认定。广西属于少数民族集聚区，文化形式多样，具有许多绚丽的民族节庆习俗，例如苗族春社节、侗族花炮节、壮族“三月三”等。近年来，广西依靠东盟博览会、歌圩节庆、公路自行车比赛等活动提升了区域品牌形象，并向外界进行了文化宣传。广西歌圩节庆中最为知名的是壮族的“三月三”，近年来广西将其设为法定节假日，使其成为第四个旅游黄金周。但广西这些节庆活动多以观看风光旅游为主，游客参与度较低，很难理解这些节日庆祝的意义，从中获得愉悦感较低。因此旅游部门应有效整合相关资源，突出节事主题，设计一些游客互动节目，减少商业活动对旅游者旅游体验的影响。

第8章　结论与展望

8.1　结论

本书在能源与环境的双重约束下，首先对广西经济发展历程进行了回顾，运用纵横向拉开档次分析法对广西的环境状况进行了评价并与其他西部地区进行了比较；其次使用索洛模型将广西经济增长分解为物质资本、人力资本、能源投入、环境损耗、全要素生产率五个部分，探明了广西经济增长的动力所在。随后在经济增长动力式微、调结构稳增长的背景下，对推动广西经济增长的主要动力——工业产业分行业进行了分析，为广西制定工业发展战略提供借鉴价值；最后根据现行经济发展政策、结合广西独特的地域与人文特色，对广西的文化、旅游以及文旅融合产业进行了分析，为广西高质量可持续发展提供了新的思路。本书主要得出以下几点结论：

第一，近年来，广西经济发展实现了历史性突破，经济总量规模不断扩大，城乡居民收入与人均 GDP 迅速提高。三产结构转变为

“二三一”型，其中第三产业发展迅速，并有二三产业产值占比趋于相同的发展趋势。拉动经济增长的“三驾马车”中最终消费支出对于地区生产总值增长的贡献率较平稳，能源消耗总量不断提升，并以煤炭、石油等污染性资源为主，但近些年来增速在逐渐降低。人口结构出现三高一低形式，人口红利逐渐消失，劳动力外流现象严重。进出口总额在不断提高，但广西出口产品主要依靠消耗资源和劳动密集型的产品，进口产品以资本密集型为主。

第二，1996~2016年，广西“三废”排放量逐渐加强。其中，水污染是环境质量下降的主要源泉，而2009年之前水污染主要来源于工业废水的排放，2009年之后源于城镇居民生活用水的排放。此外，运用纵横向拉开档次分析法得出广西环境污染指数在2010年之前呈逐步上升趋势，即高速的经济增长是由于粗放式的经济发展方式所带来的，2010年之后污染指数有所下降，但与其他发展较快的地区相比仍有较大的提升空间。

第三，研究发现，广西经济增长的主要动力源泉为能源消耗，其次为人力资本投入和物质资本投入，环境污染增长率较大，广西经济增长的主要动力源泉为能源消耗。作为索洛余量的全要素生产率是经济增长波动的主要影响因素，而广西20年来的全要素生产率增长率均值为-0.06%，说明广西仍处于粗放式的发展经济，创新能力的不足导致全要素生产率不能成为拉动经济增长的主要因素。

第四，运用综合指标分析法对广西工业结构特征进行了分析得出，传统的污染密集型工业与资源投入型工业目前仍是拉动广西经济增长的主要动力，工业产业存在地域分布不均衡问题，多数集中于西江经济带，轻重工业占比差距逐渐加大，存在比例失衡现象，工业产业与效益存在不匹配现象，技术密集型产业产值较低，缺乏科技含量较高的工业产品，但近些年来电子信息等信息产业异军突起，未来有可能成为广西工业发展新的动力源。

第五，近年来，广西第三产业发展速度迅速升高，但与全国水平相比仍有差距，三次产业中文化与旅游产业发展速度较慢，要形成文旅支柱产业还有很长的路要走。根据广西独特的人文与地理环境对广西的旅游业和文化产业进行的回顾与分析，得出广西旅游业存在地域分布不均衡、多数区域星级饭店、住宿等基础设施相对落后，无法满足旅游业快速发展的需求等问题。作为旅游大省，相关旅游管理部门与旅行社数量仍有欠缺，服务质量有待进一步提升，相关旅游工作人员的减少给旅游业的进一步发展带来了阻碍。文化产业总体规模较小、增速较低、走势不稳、传统文化产业占比较高、高附加值新兴产业仍处于初期发展阶段、产业结构有待进一步提升，文化产业主体在不断增强，但区域、城市间存在分布不均衡的现象。文旅产业形式多样，仍需提高两个产业的融合度，将广西独特的文化资源与旅游相结合，创造出具有广西特色的旅游产品。

8.2 建议

8.2.1 优化产业结构，促进产业转型升级

从当前产业发展状况来看，为保持经济快速增长，降低环境污染，广西应转变其经济发展方式为集约型，加快推动低耗能、低排放的第三产业发展，优化第二产业工业内部结构，加快第一产业转变。广西工业产业发展较晚，当前正处于以重工业发展为主的工业

中期阶段，能源消耗较多，有关部门在调整工业内部结构方面，应淘汰落后产能，抵制低水平重复建设的现象，对于那些污染严重的产业应实行关停或修整战略，从而降低能源消耗与环境污染。广西在第二产业的发展中应强抓龙头企业，培育能够带动经济高速发展的支柱性产业，从而形成规模经济。相关部门应认真落实战略性新兴产业的倍增计划，加强新能源、生物医药等高新产业发展，形成高新技术产业集聚区，将所研发的高新技术应用于汽车、制糖等传统行业生产设备与产品制造中，从而提高产业层次向高加工与高技术化方向转变。广西与东盟国际产业合作不断深化，合作领域由传统行业逐步拓展到电力、汽车等中高端装备制造业，习近平总书记在2017年指出当前广西发展潜力正在开放，发展后劲也在开放。广西应利用这一契机，坚持与沿线国家形成开放合作战略，加强区域间技术交流与产业合作，承接沿线国家先进制造业，寻找市场的空白点，参与国际分工，从而形成优势互补。同时，在产业引进方面不能为了一时的利益而降低门槛，将那些不符合生产建设的行业引入园区中，积极吸收那些劳动密集型与技术密集型的产业，从而解决就业与技术创新问题。

第三产业中文化与旅游产业发展仍有较大提升空间，广西可以依靠旅游与文化资源形成第三产业的支柱产业，同时与第二产业齐驱发展，最终形成高效率、低耗能的发展战略方式，从而带动广西经济的全面可持续发展。由于广西具有独特的生态资源环境与少数民族文化大融合的特色，可以实施与其他地区不同的差异化旅游战略，结合西部民俗风情、以故事的方式将广西的独特之美推向全国与全世界。对于旅游产业发展可以从以下几方面来进行提升：第一，加大旅游产品开发力度，调整产品结构，促进产品档次升级；第二，加强广西黄金旅游路线的合作，增加旅游形象与品牌的宣传力度，提高市场竞争力；第三，加强广西与沿线国家经贸往来，互联互通建设，打造各国政府间的友好关系，拓展海外客源入境人数；第四，进一步完善基础设施建设，提高酒店与民宿服务质量，建设大型特色旅游购物场所，促进消费者消费意愿，培养多层次、高素质旅游人才，壮大旅游企业实力，倡导文明旅游。广西文化产业发展时间较短，规模较小，应提高文化产业集约化，增强文化创意型人才储备，对南宁、桂林、柳州的文化产业进行重点培育，减少粗劣庸俗的文化产品，发展创新创意产业来加强科技与文化产业融合，拓宽文化产业链，与旅游联姻、与传媒牵手，以工艺为匙、会展业为依托，对文化产业进行顶层设计。通过上述方法最终形成“生态—文化—旅游—经济”相容的低碳产业发展模式。

近年来，数字与共享经济成为了时代发展的潮流，2015 年的《政府工作报告》中首次出现“互联网 +”这一概念，而这一词也逐渐融入到各个领域与行业中，例如医疗、教育、政务服务等，从而为社会创新与生产力进行了极大的提高。“互联网 + 制造业”融合发展是产业发展大势所趋，它给制造业带来了巨大商机；“互联网 + 工业”将进一步引领传统制造业向“智能化”转型升级，以创新为动力推进智能化制造；而“互联网 + 文旅产业”从根本上改变了传播途径，释放消费潜力。广西应抓住这一机遇，融入“互联网”大潮，以“互联网 +”和大数据为载体，将其与实体经济、信息化、网络化与工业化深度融合，从而提升传统优势产业竞争力，优化支柱产业，发展新兴产业。

8.2.2 优化能源消费结构，提高能源利用效率

广西属于“乏气、缺油、少煤”的能源资源匮乏地区，在推动经济快速发展的同时，煤炭一直占能源消耗的大部分比重，但由于煤炭的不可再生性，过度的开发使其逐渐枯竭，最后只能靠进口煤炭来维持产业的发展。对于水电等清洁能源的生产现如今已经达到饱和状态，但消费占比仍然不高。党的十八大首次提出“美丽中国”的宏伟目标，提出节能减排是中国转型发展的必经之路，新能源企业的发展能够增加能源供给、减少能源对外依赖性、提高能源安全，近年来备受关注。广西地处中国华南地区，太阳能、风能、生物质能等自然资源丰富，因此广西需要为长远考虑，秉持可持续发展理念，改变以煤炭为主的能源消费结构，加强天然气等清洁能源以及风电、太阳能等无碳能源的使用，开发利用有资源优势的新能源，降低煤炭终端消费比例，例如广西年降雨量较多，可以利用水力优势形成发电，从而降低有害气体的排放量。受经济条件和技术的制约，广西在未来一段时间里煤炭仍是主要消耗能源，广西应加强国际能源合作，保证能源的充足性与经济平稳发展。能源结构优化是一段漫长的过程，单独依靠调整能源结构来减少污染气体的排放并不是唯一的道路，我们可以从不同方面着手。首先我们应提高煤炭的利用效率，对煤炭进行深加工，做到清洁使用。其次提高开采技术，研发高效的设备。最后我们可以从控制能源消耗总量方面入手，相关政府部门可以每年制定一个能源消耗的目标，然后细化到每个市区，对于那些每年能够达到指标的市区给予政策上的鼓励。此外，还可以在农村实行家庭沼气项目从而减少煤炭、石油的使用量，并且这种方式资金投入较少，不需要建立公共管道，为每

家独立式。

8.2.3 改善并优化人力资本以缓解能源过度使用

在第5章的经济源泉分解中我们得出了拉动广西经济增长的主要因素是能源消耗，而人力资本对经济增长的拉动作用相比较小，这主要是由于广西人才缺乏，高素质人才较少所造成的无法发展集约式经济，从而越来越依靠于能源的投入。在经济增长过程中人力资本的拉动既不需要耗用能源也不污染环境，对当前经济发展来说是一个比较好的环保政策，能够代替物质资本、能源消耗的投入，上述所提到的产业结构优化升级、能源的高效使用等发展政策，都需要相关人才的支撑才能够实现。因此，引进人才、开发人才、建设基层人才队伍是当前经济发展的重中之重，人力资本的发展同样也是实现可持续能省增长的前提之一。近年来，广西提出了6项人才政策以及加强相关基层专业技术人才队伍建设，政策中提出了“三支一扶”高效毕业生就业计划，灵活修改招聘方式以引入各种人才到相关基层工作，从根本上提高广西产业质量。对于人才引进广西实施了分层制与动态管理相结合的评级方式，依据在学术领域所做的成绩，分为A~E类五个等级，根据不同的等级相应的人才领取所对应的津贴、补贴以及医疗保险服务等。等级制度也不是一成不变的，A~C类人才的评级为5年，D~E类的人才评级为3年，期满后可以根据当事人所做的成绩与贡献进行等级的调节。这些政策的实施无疑不是着眼于广西的人才强桂和创新驱动发展战略，根据上述政策可以发现广西更注重于外在引入，从外部引入人力资本对于拉动经济的发展只能起到一部分作用，广西应该从教育本质抓起，从内部提高人才质量，重视学前教育以及职业技术教育的投资并保住人才。据统计数据得知广西人力资本有外流趋势，在提升创新教育质量的同时也要保住人才的流失，引导人力资本回流。例如深化教育体制改革，将民营资本引入人力资本，建设市场导向的技术与技能培养机制，制定人才留用机制，对于人才给予相应的科研技术补贴以及相应的精神鼓励等。另外，广西的全要素生产率对经济的贡献为负，也是由于技术创新与人才的匮乏造成的，实施产学研一体化、科技研究院、科研相关方面的领头企业、高校三者并行发展是提升创新环境的基础。

8.2.4 加大环保投入，建立能源与环境保护政策

环境的外部性是影响环境的根本因素，严重时会带来市场与政府的失灵，为了生态经济可持续发展，建设美丽广西。一方面，企业应提高低碳技术处理能力，加强“三废”无害化处理与重复利用。政府应该出台有关环境保护的相关政策、法律，借鉴与吸收发达国家或国内发达城市的环境保护法相关成功经验，不断完善环境治理法规。近年来，有关环境的信息越来越透明化，人们在追求满足基本需要的同时对身边环境质量要求也越来越高，在政府单方面制定相关环保政策的同时也可以听取一些群众的意见，让群众反映一些政府还没有注意到的事情，从而使政策更加的完善。另一方面，政府应从政策上鼓励与扶持高产、低能、少碳新兴产业的发展，比如说给予这些企业信贷方面支持、税收的优惠等。对于环境污染治理额的投入，应保持连续与稳定，建立政府引导、企业为主和社会参与的节能减排投入机制，让全社会人员一起参与进来。对于占能源消耗过半的工业企业来说，政府可以每年开展一个等级测评，类似于纳税信用等级，从高到低依次分为A级、B级、C级、D级。A

级、B级可以制定相应的能源消耗降低百分比以及有害气体排放减少率，对于达到这一比例的企业，政府可以给予政策上的优惠，例如金融、税收、收费等方面，并进行名单公布表扬。C级可以设定为与上一年度相比，能源消费与气体排放没有太大变化，基本一致，对于这样的企业，政府可以视情况变化给予相应的激励，激发其动力。对于评级为D级的企业来说政府可以施行处罚政策，按照超出的比例进行缴费。政府对于这一部分的罚款可以纳入环境污染治理投资额账户中，按照“谁污染、谁治理，谁投资、谁受益”的原则，让企业认识到节能减排的重要性。该等级也可以同时采用动态管理战略，每4年评定一次，根据企业4年所做的贡献进行等级的调整。近年来，国家提倡低碳技术的发展，而这种发展技术也可以为广西提供一个环境友好型的产业发展思路。比如传统的工业可以走专业化，深加工的道路，以支柱产业发展为主，以华为、中兴等新型科技电子产业发展为辅，形成高新技术为核心的现代化产业体系。

8.2.5 加强监管教育制度，媒体与公众协力监督

为了加强企业的能源节约意识、环境保护意识，相关环保部门可以定期召集企业相关人员进行政策理论培训和教育。而相关政府人员不能一味地以GDP的增长来判定自己在经济发展中所做的贡献，部门人员应树立正确的政绩观，不能因关注GDP的数值而忽略其带来的危害，可以制定一个有关经济增长的核算规则，既能从中发现经济增长了多少也能观测出在经济增长的同时能源与污染的损耗是多少，这也能为相关人员制定下一步发展计划提供基础。如今处于信息大爆发时代，充分利用好网络媒体等传播媒介可以加强人

民对绿色经济发展的观念，让广大人民群众可以切身参与到可循环经济发展活动中去，提高人民的绿色消费环保意识。第6章分析得出广西的支柱产业主要是金属矿等高耗能和高污染的传统产业，监督这些产业的清洁标准，监督废水、废渣、废气处理工作，用电用能标准等势在必行。过去，人们对企业的生产运作状况并不熟悉，也不清楚它们每一次钻政府空子的行为都会对环境造成一定的损害。但是经过相关环保部门的宣传教育之后人们会逐渐意识到环保的重要性以及人类当前所处的周边环境状况，为了我们的绿水青山大家也会万众一心，对身边的企业形成一个监督的作用，这种以政府监管为主、媒体指引、人民群众参与的监管方式会为广西经济的可持续发展做出巨大贡献。

8.3 展望与不足

在能源消耗和环境约束的大背景下，本书对广西的总体经济发展历程进行了回顾，对广西取得的成绩通过纵向拉开档次法进行了分析，得出广西的经济增长最初是以牺牲环境为代价的。然后运用索洛模型将1996～2016年广西经济可持续发展分解为物质资本、人力资本、能源投入、环境污染和全要素生产率五部分。由于将污染指数与能源纳入投入要素考察范围，本书能够更为全面地考察广西经济可持续发展，认清过去20年来广西经济可持续发展的真正动力源泉，为决策者提供有效的参考决策价值。同时，作为一个传统工业发展拉动经济增长的省份，广西的经济增长必定将紧紧依靠工业的发展，因此，本书对广西产业结构，发展趋势等方面进行了阐述与分析，从而为广西未来的工业发展方向提出建议。广西是一个少数民族聚集的省份，其独特的文化优势与地理风光为其第三产业的发展提供了良好基础，从广西产业结构的发展趋势可以看出，第二产业、第三产业的共同发展为广西实现高效能、低污染的发展目标提供了有力保证。

本书中仍然存在一些不足之处尚待弥补：一是污染指数的构建只考虑了污染物的排放指标，而这些排放指标也并不能完全包括经济增长过程中所产生的污染排放，而且污染指数的构建也没有将当前所做的一些生态建设和环境保护等指标纳入非合意产出中，在未来的研究中，进一步提高非合意产出的全面性对于研究广西经济可持续发展具有重要意义。二是本书对经济增长分解的模型是索洛方法，也可以采用在其他方面具有优势的非参数方法。三是在产业与科技高速发展时代，数字经济对经济增长具有潜在推动能力，通过发明新的发展模式来提高 TFP，未来在研究经济增长动力源泉时我们可以突破固有的宏观经济研究框架，将一些潜在的经济增长推动要素考虑到研究当中。四是现对于工业的发展状况本书并没有进行实证分析，未来可以运用层次分析法和数据包络分析法对广西工业产业效率进行评价，从而进一步厘清广西工业部门中的哪些产业具有优势性可以发展为支柱产业，哪些产业具有潜力维持性可以继续推进，哪些产业属于放弃性从而减少这类产业的发展。

参考文献

［1］ Romer P. Endogenous Technological Change ［J］. Journal of Political Economy, 1990 （98）: 185－196.

［2］ Kortum S. Research, Patenting and Technological Change［J］. Econometrica, 1997, 65（06）: 1389－1419.

［3］ Segerstrom P. Endogenous Growth Without Scale Effect［J］. American Economic Review, 1998, 88（05）: 1290－1310.

［4］ Jones C. R&D－Based Models of Economic Growth［J］. Journal of Political Economy, 1995, 103（04）: 759－784.

［5］ Aigner D., Lovell K. and Rhodes E. Measuring the Efficiency of Decision－Making Units ［J］. European Journal of Operational Research, 1978, 2（06）: 429－444.

［6］ 石腾超，邹一南．我国制造业全要素生产率区域差异及其原因研究——基于制造业 2003－2011 年面板数据的实证分析［J］．区域经济评论，2014（01）：130－137.

［7］ 尹朝静，李谷成，贺亚亚．农业全要素生产率的地区差距及其增长分布的动态演进——基于非参数估计方法的实证研究［J］．华

中农业大学学报（社会科学版），2016（02）：38－46＋135－136.

［8］龚关，胡关亮．中国制造业资源配置效率与全要素生产率［J］．经济研究，2013，48（04）：4－15＋29.

［9］王恕立，刘军．中国服务企业生产率异质性与资源再配置效应——与制造业企业相同吗？［J］．数量经济技术经济研究，2014，31（05）：37－53.

［10］吴明琴，童碧如．产业集聚与企业全要素生产率：基于中国制造业的证据［J］．产经评论，2016，7（04）：30－44.

［11］王军，曹建民，张越杰，杨兴龙．中国肉牛加工业全要素生产率研究［J］．农业技术经济，2018（11）：102－109.

［12］张倩肖，李丹丹．基于半参数法的中国跨地区全要素生产率研究［J］．华东经济管理，2016，30（03）：50－56.

［13］朱子云．中国经济增长的动力转换与政策选择［J］．数量经济技术经济研究，2017，34（03）：3－20.

［14］李汝资，刘耀彬．1978 年以来中国省际全要素生产率时空演变特征研究［J］．华东经济管理，2016，30（07）：57－62.

［15］王艺明，陈晨，高思航．中国城市全要素生产率估算与分析：2000－2013［J］．经济问题，2016（08）：1－8＋34.

［16］王兴民，王强，董洁芳．新疆全要素生产率估算及其经济增长源泉分析［J］．干旱区地理，2017，40（04）：888－896.

［17］曹素溪．陕西省区域经济增长的全要素生产率研究［D］．西安：西北大学，2015.

［18］向小东，林健．中国工业企业创新全要素生产率评价——基于双前沿面网络 DEA－Malmquist 指数模型［J］．工业技术经济，2017，36（09）：93－103.

[19] 张军，陈诗一，Gary H. Jefferson. 结构改革与中国工业增长 [J]. 中国经济学，2009 (01)：205－240.

[20] 徐宏毅，石茜. 我国上市商业银行全要素生产率的实证分析：2004～2013 [J]. 武汉金融，2015 (06)：13－16.

[21] 廖源，英骏，童馨乐，李扬. 中国商业银行全要素生产率估算的改进研究——基于 Hicks－Moorsteen 指数方法的应用及比较 [J]. 南京财经大学学报，2017 (01)：45－52＋80.

[22] 陈伟平，冯宗宪. 不良贷款约束下中国农村商业银行生产率增长及收敛性研究 [J]. 商业经济与管理，2015 (01)：71－79.

[23] 宋丽婷. 基于 Malmquist 指数的河北省服务业全要素生产率及影响因素研究 [D]. 保定：河北大学，2012.

[24] 杨慧芳. 中国服务业全要素生产率测算及鲍莫尔"成本病"检验 [D]. 临汾：山西师范大学，2016.

[25] 刘建国，刘宇. 2006－2013 年杭州城市旅游全要素生产率格局及影响因素 [J]. 经济地理，2015，35 (07)：190－197.

[26] 吴琳萍. 中国旅游业全要素生产率的估算 [J]. 统计与决策，2017 (09)：135－139.

[27] 唐建荣，程静. 技术进步、劳动力投入和能源约束对内生经济影响的实证检验 [J]. 统计与决策，2016 (11)：129－132.

[28] 袁天天，石奇，刘玉飞. 环境约束下的中国制造业全要素生产率及其影响因素研究——基于经济转型期的经验研究 [J]. 武汉理工大学学报（社会科学版），2012，25 (06)：860－867.

[29] 林春，孙英杰. 环境规制与全要素生产率：水平效应与增长效应 [J]. 现代财经（天津财经大学学报），2019，39 (03)：52－67.

[30] 陈诗一．中国的绿色工业革命：基于环境全要素生产率视角的解释（1980－2008）［J］．经济研究，2010，45（11）：21－34＋58.

[31] 杨文举．引入人力资本的绿色经济增长核算：以中国省份经济为例［J］．财贸研究，2015，26（02）：1－8＋84.

[32] 郑玉歆．全要素生产率的再认识——用TFP分析经济增长质量存在的若干局限［J］．数量经济技术经济研究，2007（09）：3－11.

[33] 蔡昉．中国经济增长如何转向全要素生产率驱动型［J］．中国社会科学，2013（01）：56－71＋206.

[34] 易纲，樊纲，李岩．关于中国经济增长与全要素生产率的理论思考［J］．经济研究，2003（08）：13－20.

[35] 陶长琪，彭永樟．从要素驱动到创新驱动：制度质量视角下的经济增长动力转换与路径选择［J］．数量经济技术经济研究，2018，35（07）：3－21.

[36] Carson, Rachel. Silent Spring［M］. Boston: Boston Houghton Mifflin Company, 1973.

[37] Malthus T. An Essay on the Principle of Population［M］. London: J Johnson, 1978.

[38] Ricardo D. On the Principles of Political Economy and Taxation［M］. London: John Murray, 1817.

[39] 范德成，王姮．我国产业结构调整与可持续发展［J］．商业研究，2001（12）：20－22.

[40] 董耀武，雷长群．西部地区产业结构调整与可持续发展研究——以重庆市旅游业、第三产业与经济增长之间的协调发展研究

为例［J］．农场经济管理，2016（01）：11－16.

［41］宫清华，杨蕾，黄光庆．基于线性规划理论的资源约束条件下产业结构优化模型研究［J］．科技管理研究，2011，31（12）：26－28＋39.

［42］张唯实，胡坚．产业结构优化与中国经济可持续发展研究［J］．理论探讨，2011（01）：88－90.

［43］姜春云．跨入生态文明新时代——关于生态文明建设若干问题的探讨［J］．求是，2008（21）：19－24.

［44］张明国．技术哲学视阈中的生态文明［J］．自然辩证法研究，2008（10）：40－45.

［45］周光迅，武群堂．新世纪全球性“生态危机”的加剧与生态文明建设［J］．自然辩证法研究，2008（09）：73－78.

［46］李艳艳．传统生态文明观的认识误区与反思超越［J］．中州学刊，2012（05）：110－113.

［47］曹洪华．生态文明视角下流域生态——经济系统耦合模式研究［D］．哈尔滨：东北师范大学，2014.

［48］齐喆．资源环境约束下的城市经济可持续发展研究［D］．北京：首都经济贸易大学，2016.

［49］杜昌河，敬莉．资源环境约束下新疆区域经济发展差异研究——基于“两区两带”的比较分析［J］．西部经济管理论坛，2015，26（02）：17－24.

［50］王成岐．主成份分析法的局限性［J］．中国统计，1992（05）：19－20.

［51］邓聚龙．灰理论基础［M］．武汉：华中科技大学出版社，2002.

[52] Merlevede B. , et al. The EKC for SO_2: Doesfirm Size Matter [J] . Ecological Economics, 2006 (04): 126 - 139.

[53] Bruvoll A. T. , Bye J. Larsson and K. Telle. Technological Change in the Pulp and Paper Industry and the Role of Uniform Versus Selective Environment Policy [R] . Discussion Psper. Statistics Norway, 2003.

[54] 郭莉，郭亚军．区域生态经济评价模型及实证研究[J]．技术经济，2006，25 (08): 124 - 128.

[55] 李玲，陶锋，杨亚平．中国工业增长质量的区域差异研究——基于绿色全要素生产率的收敛分析 [J]．经济经纬，2013 (04): 10 - 15.

[56] 屈小娥．中国工业行业环境污染综合评价——基于 Topsis 的实证分析 [J]．产业经济研究，2014 (04): 51 - 59 + 102.

[57] 白彩全，黄芽保，宋伟轩，冯雅琦．长三角地区工业经济发展与环境污染脱钩研究 [J]．环境科学与技术，2015，38 (07): 157 - 163.

[58] 王西琴，李芬．天津市经济增长与环境污染水平关系 [J]．地理研究，2005，24 (06): 834 - 842.

[59] 雷明，赵欣娜，张明玺．基于环境负产出的能效动态 Malmquist 模型研究 [J]．数量经济技术经济研究，2012(04): 33 - 48.

[60] KaYa Y. Impact of Carbon Dioxide Emission Control on GNP growth: Interpretation of Proposed Scenarios [R] . Paris: IPCC Energy and Industry Subgroup Strategics Working Group, 1990.

[61] 郭亚军．综合平价理论、方法及应用 [M]．北京：科学出版社，2007.